# Inhalt

W0350907

# 1 Gestatten: Jesus von Nazaret – Jesus Christus

Wer sich mit dem Thema Jesus beschäftigt, sieht sich automatisch mit vielen Fragen konfrontiert: Ist dieser Jesus Mensch oder Gottes Sohn? Was weiß man über sein Leben und gibt es zuverlässige Quellen über ihn und seine Biografie?
Dieses einführende Kapitel versucht, Ihnen diesen Jesus vorzustellen.

## 1.1 Die Biografie Jesu

### M1 Krippenszenen

Gerrit van Honthorst, Die Anbetung der Hirten, 1617, 338,5 x 198,5 cm, Öl auf Leinwand

Sieger Köder, Und das Wort ist Fleisch geworden (Joh 1,14)

**Anregungen zur Weiterarbeit**

1. Beschreiben Sie beide Darstellungen der Krippenszene und vergleichen Sie deren Intention.
2. Erläutern Sie das Zitat aus Joh 1,14 anhand von selbst gewählten Beispielen. Vervollständigen Sie dann die letzte Zeile des Zitats im Bild von Sieger Köder: „und wir …“. Vergleichen Sie mit dem Wortlaut in Joh 1,14.
3. Erklären Sie, welche Aussagekraft die Darstellungen von Krippenszenarien im Bezug auf die Botschaft von Weihnachten haben.

### M2 Die Geburt Jesu nach Lukas (Lk 2,1–20)

1 In jenen Tagen erließ Kaiser Augustus den Befehl, alle Bewohner des Reiches in Steuerlisten einzutragen. 2 Dies geschah zum ersten Mal; damals war Quirinius Statthalter von Syrien. 3 Da ging jeder in seine Stadt, um sich eintragen zu lassen. 4 So zog auch Josef von der Stadt Nazaret in Galiläa hinauf nach Judäa in die Stadt Davids, die Betlehem heißt; denn er war aus dem Haus und Geschlecht Davids. 5 Er wollte sich eintragen lassen mit Maria, seiner Verlobten, die ein Kind erwartete.
6 Als sie dort waren, kam für Maria die Zeit ihrer Niederkunft, 7 und sie gebar ihren Sohn, den Erstgeborenen. Sie wickelte ihn in Windeln und legte ihn in eine Krippe, weil in der Herberge kein Platz für sie war.
8 In jener Gegend lagerten Hirten auf freiem Feld und hielten Nachtwache bei ihrer Herde. 9 Da trat der Engel des Herrn zu ihnen und der Glanz des Herrn umstrahlte sie. Sie fürchteten sich sehr, 10 der Engel aber sagte zu ihnen: Fürchtet euch nicht, denn ich verkünde euch eine große Freude, die dem ganzen Volk zuteil werden soll: 11 Heute ist euch in der Stadt Davids der Retter geboren; er ist der Messias, der Herr. 12 Und das soll euch als Zeichen dienen: Ihr werdet ein Kind finden, das, in Windeln gewickelt, in einer Krippe liegt.
13 Und plötzlich war bei dem Engel ein großes himmlisches Heer, das Gott lobte und sprach: 14 Verherrlicht ist Gott in der Höhe / und auf Erden ist Friede / bei den Menschen seiner Gnade.
15 Als die Engel sie verlassen hatten und in den Himmel zurückgekehrt waren, sagten die Hirten zueinander: Kommt, wir gehen nach Betlehem, um das Ereignis zu sehen, das uns der Herr verkünden ließ.
16 So eilten sie hin und fanden Maria und Josef und das Kind, das in der Krippe lag. 17 Als sie es sahen, erzählten sie, was ihnen über dieses Kind gesagt worden war. 18 Und alle, die es hörten, staunten über die Worte der Hirten.
19 Maria aber bewahrte alles, was geschehen war, in ihrem Herzen und dachte darüber nach.
20 Die Hirten kehrten zurück, rühmten Gott und priesen ihn für das, was sie gehört und gesehen hatten; denn alles war so gewesen, wie es ihnen gesagt worden war.

### M3 Hans Küng: Die politische Dimension von Weihnachten

Man lese […] diese Weihnachtsgeschichte aufmerksam und beachte:

- Nirgendwo ist die Rede von „stiller Nacht" und „holdem Knaben im lockigen Haar"; Krippe, Windeln sind konkrete Signale aus einer Welt der Niedrigkeit und Armut.
- Der im Stall geborene Heiland der Notleidenden offenbart deutlich eine Parteinahme für die Namen- und Machtlosen (die „Hirten") gegen die mit Namen genannten Machthaber (der Kaiser Augustus, der kaiserliche Statthalter Quirinius). […]
- Die holdselige Nacht des Neugeborenen lässt von seinem Wirken und seinem Schicksal drei Jahrzehnte später nicht absehen; das Krippenkind trägt sozusagen das Zeichen des Kreuzes schon auf der Stirn.
- Schon in den Verkündigungsszenen (vor Maria und den Hirten), die ja nun die Mitte der Weihnachtsgeschichte ausmachen, wird (ähnlich wie später im Prozess vor dem jüdischen Tribunal) durch mehrere nebeneinander gestellte Hoheitstitel – Gottessohn, Heiland, Messias, König, ja Herr – das vollendete Glaubensbekenntnis der Gemeinde zum Ausdruck gebracht, und zwar so, dass die Herrschaft statt dem Kaiser Augustus diesem Kind zugesprochen wird!
- Und schließlich wird hier statt der trügerischen Pax Romana, erkauft mit erhöhten Steuern, Eskalation der Rüstung, Druck auf die Minderheiten und Wohlstands-Pessimismus, mit „großer Freude" die wahre Pax Christi angekündigt: gründend in der Neuordnung der zwischenmenschlichen Beziehungen im Zeichen der Menschenfreundlichkeit Gottes und des Friedens unter den Menschen.

So wird denn dem politischen Heiland und der politischen Theologie des Imperium Romanum, welche die kaiserliche Friedenspolitik ideologisch unterstützte, der wahre Friede entgegengehalten. Dieser kann nicht dort erwartet werden, wo einem Menschen, einem Autokraten oder Theokraten göttliche Ehre dargebracht wird, sondern nur, wo Gott „in der Höhe" zu Ehren kommt und sein Wohlgefallen auf den Menschen ruht. Nicht mehr von den übermächtigen römischen Cäsaren, sondern von diesem ohnmächtigen, gewaltlosen Kind wird jetzt (therapeutisch) der Seelenfriede und (politisch) das Ende der Kriege, werden Befreiung von der Angst und lebenswerte Verhältnisse, wird das gemeinsame Glück, kurz allseitiges Wohl, eben das „Heil" der Menschen und der Welt erwartet.

Dies ist auch Zeitgenossen verständlich: Die Weihnachtsgeschichte, richtig verstanden, ist alles andere als eine harmlos erbauliche oder psychologisch raffinierte Geschichte vom lieben Jesuskind. All diese biblischen Erzählungen sind theologisch hoch reflektierte Christusgeschichten im Dienst einer sehr gezielten Verkündigung, welche die wahre Bedeutung Jesu als des Messias zum Heil für alle Völker der Erde kunstvoll, plastisch und radikal gesellschaftskritisch anschaulich machen wollen.

### Anregungen zur Weiterarbeit

1. Erklären Sie ausgehend von der Weihnachtsgeschichte im Lukasevangelium M 2 die Botschaft und Bedeutung der Geburt Jesu und den Wunsch „Frohe Weihnachten". Lesen Sie hierzu vertiefend M 3.
2. Gestalten Sie auf dieser Grundlage eine eigene Darstellung (z. B. Collage, Bild etc.) oder eine Geburtenanzeige, die die (politische) Botschaft von der Geburt Jesu aufzeigt.

## M4 Sieger Köder: Der Stammbaum Jesu

**Sieger Köder, Stammbaum Jesu (Alle Menschen werden das Heil sehen, Lk 3)**

## M5 Der Stammbaum Jesu

Da ist Abraham, der Stamm-Vater des Glaubens für Juden, Christen und Muslime. Das Bild zeigt: ein Gesegneter, der zu einem Segen wird für viele, weil er den Segen des Glaubens weitergibt. Über ihm sein Enkel Jakob/Israel. Der träumt, dass es immer eine Leiter der Hoffnung geben wird, auf der ein Stück Himmel in unser Tal der Tränen herabkommt. Der königliche Harfenspieler und Psalmensänger David sagt mir, dass das Lied des Dankes, das Gotteslob, nie verstummen darf. Und Mose in der Mitte des Bildes schenkt mir die Gewissheit: Gott gibt uns sein Wort. Wir *haben* sein Wort. Wir müssen uns nur – wie Mose – an dieses Wort halten, uns an ihm fest-halten. Dieses Wort muss weitergesagt werden, ob „gelegen oder ungelegen". Wer allerdings lautstark wie Johannes der Täufer für Gott und sein Wort Zeugnis ablegt, wird nicht selten mundtot gemacht. Der Leiseste im Bild ist Josef, der Mann Marias. Er ist ganz Ohr für das, was Gott ihm sagt. Und er ist der Mann, der Gottes Wort ohne Widerrede „tut". Scheinbar ein ganz „Kleiner" der Weltgeschichte, vor Gott aber – ein Großer.
Unten im Bild: die Berge von Judäa, das Land Israel im Dunkel. Aber die dunklen Blau- und Grüntöne gehen über in das hellstrahlende Blau des Himmels. Dort, in der Spitze des Baumes, eine Frau: Maria, die Mutter Christi. Sie bleibt im Hintergrund; denn ihr ist nur eines wichtig: „Was er euch sagt, das tut" (Joh 2). Das ewige Wort, das Mensch geworden ist, Jesus, kommt offen auf uns zu. Gleicht er nicht schon dem Mann am Kreuz?

## M6 Hubertus Halbfas: Kurze Lebensbeschreibung

Die Kindheitslegenden des Matthäus und Lukas nennen Betlehem als den Geburtsort Jesu. Beide Erzählungen sind miteinander unvereinbar und in ihren Details unwahrscheinlich. Die Geburt in Betlehem gehört zu diesen Unwahrscheinlichkeiten. Da der weit entfernte Ort als „Davidsstadt" nach Mi 5,1 hochbedeutsam war, um Jesus als Davidssohn auszuweisen, mussten die Eltern mit der Begründung einer angeordneten Steuererhebung (Census) dorthin geschickt werden, um so „die Schrift zu erfüllen". Nachweislich hat der Census aber gar nicht zu jener Zeit, sondern erst im Jahre 7 n. Chr. stattgefunden. Nazaret dürfte der tatsächliche Geburtsort Jesu sein, er selbst wird zu Recht als „Nazarener" bezeichnet. Hier, im Hügelland von Mittelgaliläa, wurde er zwischen den Jahren 7 und 4 v. Chr. geboren.
Der Name *Jesus* ist die gräzisierte Form des aramäischen *Jeshua*, das hinwieder auf den in der Bibel geläufigen hebräischen Namen *Jehoshua*, *Josua*, zurückgeht. Auch die Eltern trugen jüdische Namen: Josef und Mirjam. Seine nachfolgenden vier Brüder heißen Jakobus, Joses, Judas und Simon; seine Schwestern werden erwähnt, aber nicht mit Zahl und Namen genannt. Als jüdischer Junge wurde Jesus beschnitten; wahrscheinlich lernte er in seiner Kindheit die Hebräische Bibel lesen und war vertraut mit den Lebensvorgängen der Dorfsynagoge. Seine Kenntnis der biblischen Bücher dürfte dem entsprochen haben, was jedem Juden aufgrund der Schriftlesung im Synagogengottesdienst (Tora und Propheten) und volkstümlicher Erzählungen vertraut war.
Irgendwann nach etwa dreißig Jahren brach er aus der Familie und der dörflichen Welt aus, vielleicht durch Johannes den Täufer motiviert. Das dürfte zwischen den Jahren 27 und 29 gewesen sein. Nimmt man einmal das Jahr 4 v. Chr. als Geburtsjahr an, wird er damals 33 oder 34 Jahre alt gewesen sein. Er ließ sich von Johannes taufen, blieb aber nicht lange in dessen Schülerschaft. Er kehrte nach Galiläa zurück, wenngleich nicht nach Nazaret. Ein Bruch mit der Familie scheint stattgefunden zu haben. Künftiger Lebensschwerpunkt wurde Kafarnaum am See Gennesaret.
Mit dem Abschied vom Täufer gewann er eigens Profil: Vertrat Johannes die Gerichtsdrohung Gottes, so betonte Jesus die Zuwendung Gottes zu den Menschen. Entsprechend suchte er die Menschen dort auf, wo sie lebten. Er begegnete ihnen gerne bei Tisch, so dass er gar als „Fresser und Säufer, Freund der Zöllner und Sünder" (Lk 7,34) kritisiert wurde. Dieses Verhalten war weder Schwäche noch Fehltritt, sondern Programm, das von seinem Gottesverständnis bestimmt wurde: Ihm galt Gott als ein Gott, der sich den Menschen zuwendet, vor allem den kleinen Leuten: Armen, Kranken, Frauen, Kindern und den als Sündern Geächteten. Jesus war Jude und blieb es bis zum Tode. Die christliche Theologie hat ihn oft als schroffen Gegensatz zum eigenen Volk gerückt und dabei verdrängt, dass Jesus gesetzestreu war. Er befolgte die Vorschriften der Tora und tat nichts,

was ihrem Ansehen im Wege stand. „Denkt nicht, ich sei gekommen, das Gesetz und die Propheten aufzuheben. Ich bin nicht gekommen, um aufzuheben, sondern um zu erfüllen" (Mt 5,17). Dabei betrachtete Jesus das Gesetz nicht als Zwang, sondern als Lebensweisung. Er rechnete mit der Herrschaftsmacht Gottes in der Welt. Für ihn war Gott ein sich den Menschen in Güte zuwendender Vater, der das Verlorene sucht, sich freut, es zu finden, und es ohne Wenn und Aber annimmt. Dennoch stand die Welt für Jesus wie für Johannes den Täufer unter Gottes Gericht, doch vertraute er dessen Güte, ohne den Ernst der Entscheidung, in die der Mensch gestellt ist, zu verharmlosen. Letztlich unterliegt sein ethisches Programm der Frage, ob der Mensch aus der Güte Gottes leben will. Er deutete dies als Frohbotschaft für die Elenden, die Betrogenen, die Kranken und Randständigen jeglicher Herkunft. Der für ihn zentrale Begriff des „Reiches Gottes" meint, dass Gottes Güte stärker ist als jede dunkle Macht und den Menschen aus den Zwängen des Bösen befreit. Aus dieser Überzeugung mag sich auch der angstfreie Umgang Jesu mit Einschränkungen der eigenen Tradition erklären.

Im jüdischen Volk gab es damals unterschiedliche religiöse Richtungen. Die wichtigsten Gruppen, mit denen sich Jesus auseinanderzusetzen hatte, waren die Sadduzäer und die Pharisäer. Zu den Sadduzäern gehörten die Tempelpriester, die Leviten, sowie Höflinge, reiche Landbesitzer und Kaufleute, insgesamt Menschen eher konservativer Einstellung, die politisch interessiert waren und aus eigener Interessenlage durchweg römerfreundlich. Sie nahmen die Tora wörtlich, aber lehnten deren Auslegung im Rahmen einer weitergehenden mündlichen Überlieferung ab. Das brachte sie in Gegensatz zu den Pharisäern, einer Erneuerungsbewegung im jüdischen Volk. Zu ihnen zählten ebenso Handwerker und Bauern wie studierte Menschen.

Unter den Pharisäern hatte Jesus Freunde und Gesprächspartner. Ob er selbst in dieses Spektrum gehörte, das sich in unterschiedliche Schulen teilte, die sich oft wechselseitig kritisierten, wird strittig beurteilt. Die in den Evangelien beschriebene Kritik Jesu an den Pharisäern spiegelt ein Feindbild, das sich erst entwickelte, nachdem sich die späteren Jesusgemeinden von den Synagogengemeinden getrennt hatten.

Der Jesus der Evangelien – wie er im letzten Drittel des Jahrhunderts gesehen wurde – vermittelt auf den ersten Blick das Bild eines Mannes, der in besseren Kreisen verkehrt. Er besucht Synagogen, in denen er mit Autorität auftritt; er wird eingeladen von schwerreichen Zöllnern als auch gut situierten Pharisäern; fragwürdige, aber begüterte Frauen sponsern ihn, und er hat sogar Kontakt zu römischen Offizieren. Arme Leute, die im Elend sitzen, scheinen allenfalls hinter den Wundererzählungen zu stecken.

Um hier Einsicht zu gewinnen, sind die politischen und sozialen Verhältnisse zu bedenken, die den Alltag der Menschen jener Zeit bestimmten. Idyllisch war nichts. Unruhen, die sich über eine lange Spanne von 47 v. Chr. bis zum Ausbruch des Jüdisch-Römischen Kriegs im Jahre 67 n. Chr. verteilen, sind dokumentarisch bezeugt. Der große Krieg, der alles wendete, hätte – wie Historiker meinen – vielleicht vermieden werden können, sei aber ebenso gut auch schon siebzig Jahre früher möglich gewesen, etwa wenn Varus, der damals die Provinz Syrien befehligte, ähnlich ungeschickt operiert hätte wie sein späterer Nachfolger Cestius im Jahre 65 n. Chr.

In diesem Zeitraum, der die Lebenszeit Jesu übergreift, wurden die Bauern ihres Existenzminimums beraubt, mit dem sie bisher auszukommen gewöhnt waren: Wie alle Bauern vor und nach ihnen hatten sie stets nicht mehr als das zum Leben absolut Notwendige, da ihnen diejenigen, die Macht über sie hatten, mehr als dies gar nicht zugestehen wollten. Mit diesem Existenzminimum hatten sie sich begnügt unter den Persern, den Ptolemäern, den Seleukiden, und nun mussten sie es unter den Römern. Schon seit fast einem halben Jahrtausend zahlten sie dem jeweiligen fremden Imperium und dem heimischen Tempel doppelte Steuern (John Dominic Crossan).

Aber warum schmälerte sich in römischer Zeit das „normale" Existenzminimum, um schließlich in einen großen Bauernaufstand zu münden? Eine zunächst verwirrende Antwort darauf gibt der israelische Archäologe Magen Broshi, wenn er sagt, „dass Herodes mit wenigstens zwanzig von seinen Unternehmungen in Palästina Weltrekorde setzte, und dass unter ihm das Land einen beispiellosen Wohlstand erlebte". Auch der Oxforder Orientalist Martin Goodman hält die Steuergaben für Römer und Tempel nicht für drückender als zu anderen Zeiten. Die damalige Wirtschaftskrise könne nicht allein durch Besteuerung verursacht worden sein: „Es gab in der judäischen Wirtschaft nicht genügend Unternehmen, die eine Kapitalanlage lohnten. Das Geld wurde entweder in Land oder in Krediten angelegt. Wurde es in Land angelegt, machte es die ehemals freien Bauern erst zu Pächtern, dann zu Tagelöhnern, wenn nicht zu Sklaven." Noch schlimmer aber war die Wirkung des verliehenen Geldes. Um das Zinsverbot zu umgehen, wurde es zinslos verliehen, doch nur für kurze Fristen gewährt, wobei der Schuldner hohe Vertragsstrafen zahlen musste, wenn er nicht fristgerecht zurückzahlte. Auf diese Weise konnte der Gläubiger an kurzfristigen zinslosen Darlehen sehr viel mehr verdienen als an verzinslichen. Und so resümiert Martin Goodman: „Wenn der Schuldner fristgerecht zurückzahlte, verlor der Gläubiger gar nichts und gewann einen dankbaren Freund. Überschritt der Schuldner die Frist, wurde den in der jüdischen Wüste gefundenen Dokumenten zufolge ein Bußgeld in Höhe von 20 Prozent des schuldigen Betrags fällig." Das und einiges mehr führte zu den Verhältnissen, über deren Auswirkungen in späteren Jahrzehnten Josephus informiert: Ein von ihm zur Zeit des Jüdisch-Römischen Kriegs geführtes Banditenheer und die bäuerlichen Massen in Galiläa, die in unterstützten, brannten darauf, Städte wie Sepphoris und Tiberias, wo Steuern festgesetzt und Schuldverschreibungen aufbewahrt wurden, in Brand zu stecken. Dabei war es Josephus größte Leistung, den Umschlag einer politischen Revolution in eine soziale verhindert zu haben.

Innerhalb dieser Landesverhältnisse traten eine Reihe von Gestalten auf, die als repräsentativ gelten können, vor allem der Bandenführer, der das Heil mit Gewalt zu begründen sucht, und der messianische Prätendent, der es von göttlicher Hilfe erwartet. Der historische Jesus sah von beiden ab. Sein Heimatort lag eine gute Stunde Wegs vom griechisch-

römischen Sepphoris entfernt, doch zog es ihn nicht dorthin, sondern in die Weiler und Dörfer Untergaliläas, wo er zusammen mit seinen Jüngerinnen und Jüngern den herrschenden politischen und sozialen Verhältnissen völlig andere Lebensformen entgegensetzte.
Seine Strategie, die er ausdrücklich auch seinen Jüngern empfahl, war es, die Botschaft vom Reiche Gottes durch kostenloses Heilen und gemeinsames Essen zu verbreiten, und dieser religiöse und ökonomische Egalitarismus negierte die hierarchische und patronale Normalität der jüdischen Religion und der römischen Macht und setzte sie zugleich außer Kraft. Und damit man ihn nicht selbst nun für den neuen Makler eines neuen Gottes hielt, nahm er nirgends, weder in Nazaret noch in Kafarnaum, dauernden Aufenthalt, sondern kam und ging überall als Wanderer. Er war weder Makler noch Mittler, sondern paradoxerweise der Verkünder der Botschaft, dass es weder zwischen Gott und den Menschen noch zwischen den Menschen untereinander Makler und Mittler geben sollte. [...] Er verkündete mit einem Wort, das keines Vermittlers bedürftige, das unmittelbar gegebene Reich Gottes (John Dominic Crossan).
Das öffentliche Wirken Jesu hat nicht lange gedauert. Nach Markus rund ein Jahr, nach dem Johannesevangelium zwei bis drei Jahre. Doch bieten die Evangelien keine zuverlässige Chronologie. Bei einem Besuch Jerusalems am Pessachfest – vielleicht im Jahr 30 – kam es zu einem Konflikt mit dem Tempelklerus. Dieser Konflikt wurde vermutlich durch eine prophetische Zeichenhandlung ausgelöst, die sich gegen den Tempelbetrieb richtete. Das hatte eine Festnahme Jesu zur Folge und seine Überstellung an eine römische Ordnungsmacht oder die römische Justiz. Man bezichtigte ihn störender Umtriebe, mit denen durchweg kurzer Prozess gemacht wurde. Wie viele andere, die als Unruhestifter und Aufständische galten, wurde er am Kreuz hingerichtet.

## M7 Hans Küng: Wer ist Christus?

Der Christus ist niemand anderes als der geschichtliche Jesus von Nazaret: Weder Priester noch politischer Revolutionär, weder asketischer Ordensmann noch frommer Moralist, ist er provokatorisch nach allen Seiten.

**Jesus war kein Mann des priesterlichen Establishments:**
Es gab ein religiös-politisches Establishment in Jerusalem (Sadduzäer).
Jesus war kein Priester. Er war „Laie", unverheiratet, und Anführer einer Laienbewegung. Er war auch kein professioneller Theologe: Er produzierte keine großen Theorien und Systeme. Er predigte das baldige Kommen des Gottesreiches unwissenschaftlich, mit einfachsten Worten, mit Vergleichen, Geschichten, Parabeln.

**Jesus war kein politischer Revolutionär:**
Es gab damals in seinem Volk eine revolutionäre Partei (Zeloten, Eiferer).
Er war kein politischer, kein sozialer Revolutionär. Hätte er nur eine Landreform durchgeführt oder hätte bei der Jerusalemer Revolution, wie nach seinem Tod geschehen, die Schuldscheine verbrennen lassen und einen Aufstand gegen die römische Besatzungsmacht organisiert, er wäre heute schon längst vergessen. Er aber verkündigte Gewaltlosigkeit und Feindesliebe.

**Jesus war kein asketischer Ordensmann:**
Es gab zur Zeit Jesu in Palästina ein gut organisiertes Mönchswesen (Essener, Qumran). Mönche aller Zeiten beriefen sich in ihrer Lebensform immer gerne auf ihn.
Jesus zog sich dagegen keineswegs aus der Welt zurück, sonderte sich nicht ab, schickte auch niemanden, der vollkommen werden wollte, in das damalige große Kloster von Qumran beim Toten Meer. Er gründete keinen Orden mit Ordensregel, Gelübden, asketischen Geboten, besonderen Kleidern und Traditionen.

**Jesus war kein frommer Moralist:**
Es gab damals eine Bewegung für moralische Aufrüstung: die Pharisäer. Sehr oft sah man in ihm später einen neuen Gesetzgeber.
Jesus aber lehrte kein „neues Gesetz", keine Frömmigkeitstechnik und hatte keinen Sinn für moralische oder gar juristische Kasuistik und für alle Fragen der Gesetzesauslegung. Er verkündete dagegen eine neue Freiheit von Gesetzlichkeit: eine Liebe ohne Grenzen.

Jesus sprengt alle Schemata. Er ist provokatorisch, nach allen Seiten: Gott offenbar näher als die Priester. Der Welt gegenüber freier als die Asketen. Moralischer als die Moralisten. Und revolutionärer als die Revolutionäre. Warum ließ er sich nicht einordnen? Das hängt zusammen mit dem, was er wollte.

### Anregungen zur Weiterarbeit

1. Beschreiben Sie den Stammbaum Jesu M 4, auch unter Berücksichtigung von M 5. Die Ergebnisse bilden die Grundlage für eine Biografie Jesu.
2. Erarbeiten Sie auf Grundlage von M 6 eine Biografie Jesu. Berücksichtigen Sie dabei auch die gesellschaftlichen und politischen Verhältnisse seiner Zeit. Recherchieren Sie ggf. zusätzliche Informationen zur römischen Fremdherrschaft und zu anderen Religionsparteien zur Zeit Jesu.
3. Erarbeiten Sie auf Grundlage von M 6 und M 7 ein Charakterprofil Jesu.

# 1.2 Jesus: Mensch und Sohn Gottes

## M1 Das Bekenntnis des Konzils von Chalcedon (451)

Den heiligen Vätern folgend, lehren wir alle einheilig, dass man bekennen muss:
Ein und derselbe Sohn, unser Herr Jesus Christus,
ist vollkommen in der Gottheit,
vollkommen in der Menschheit,
wahrer Gott und wahrer Mensch,
mit Geistseele und Leib,
gleichen Wesens mit dem Vater der Gottheit nach,
und gleichen Wesens mit uns der Menschheit nach,
„in allem uns gleich außer der Sünde" (Hebr 4,15),
vor aller Ewigkeit aus dem Vater geboren der Gottheit nach,
in den letzten Tagen aber für uns und um unseres Heiles willen
geboren aus Maria, der Jungfrau und Gottesmutter, der Menschheit nach.
Wir lehren, ein und denselben Christus,
den eingeborenen Sohn und Herrn,
anzuerkennen in zwei Naturen,
unvermischt, unwandelbar, ungeteilt, ungetrennt,
weil niemals der Unterschied der Naturen wegen der Einung aufgehoben ist,
vielmehr die Eigentümlichkeiten beider Naturen gewahrt sind
und in einer Person und Hypostase zusammenkommen,
nicht in zwei Personen geteilt oder geschieden,
sondern in den einen und selben eingeborenen Sohn,
Gott, das Wort, unseren Herrn Jesus Christus –
wie vormals die Propheten über ihn und Jesus Christus selbst uns belehrt haben
und das Bekenntnis der Väter uns überliefert hat.
Da wir nun diese Entscheidung mit großer, allseitiger Umsicht und Genauigkeit verfasst haben, so beschloss die heilige und allgemeine Kirchenversammlung, dass niemand einen anderen Glauben vortragen oder niederschreiben, verfassen, hegen oder lehren dürfe.

## M2 Katholischer Erwachsenenkatechismus: Jesus Christus – ein Mensch wie wir alle

Jesus ist ein Mensch, ein wirklicher Mensch wie wir alle. Die Evangelien beschreiben ihn in seiner ganzen Menschlichkeit: Er wird von einer menschlichen Mutter geboren, wächst und reift heran, erlernt ein Handwerk, hat Hunger und Durst, wird versucht, wird müde, stellt Fragen, empfindet Mitleid, er freut sich an anderen Menschen, besonders an den Kindern, er wird aber auch zornig über die Hartherzigkeit der Menschen, er hat Angst und leidet Schmerzen und stirbt schließlich am Kreuz. Er ist ein Mensch mit Leib und Seele. Er hat die Höhen und Tiefen des Menschseins durchlebt und durchlitten. Er ist unser Bruder (vgl. Joh 20,17; Röm 8,29; Hebr 2,11).
Im Unterschied zu allen anderen Menschen stand er nicht unter dem Gesetz der Sünde. Er war vielmehr ganz offen für den Willen des Vaters und für den Dienst an den Menschen. Er sagt von sich, er sei „nicht gekommen, um sich dienen zu lassen, sondern um zu dienen" (Mk 10,45). Er ist der Mensch für die anderen Menschen, der am Ende im Gehorsam gegen den Vater sein Leben „für viele", d.h. für alle dahingibt (Mk 10,45).
Dieses Gesetz der Stellvertretung, welches das ganze Leben Jesu und erst recht sein Sterben bestimmte, bringt er selbst beim Letzten Abendmahl zum Ausdruck: Mein Leib für euch – mein Blut für euch (vgl. 1 Kor 11,24–25; Lk 22,19–20). In diesem Für-euch, Für-uns und Für-alle ist Jesus Christus in leibhaftiger menschlicher Gestalt die Erscheinung der Güte und Menschenliebe Gottes (vgl. Tit 3,4).
Dass Jesus, der Sohn Gottes, zugleich wahrer und ganzer Mensch ist, stellt also nicht nur eine Tatsachenwahrheit, sondern eine Heilswahrheit dar. Denn nur wenn Gott leibhaftig in unser menschliches Fleisch und Blut eingegangen ist, hat er uns auch in unserer Menschlichkeit erlöst. Dann hat er in Jesus Christus unser ganzes Menschsein zusammengefasst (Irenäus von Lyon), dann gibt es seither keine menschliche Dimension mehr, die grundsätzlich gottlos und gottfern wäre. Dann hat Gott in Jesus Christus alles Menschliche angenommen und geheiligt. Heil und Erlösung sind dann nie nur innerliches Seelenheil, sondern zielen auf das Heil- und Ganzsein des Menschen. Zur Menschlichkeit des Heils gehört ebenso, dass es uns von Jesus Christus auf eine menschliche Weise geschenkt wird. Jesu Menschheit ist für Gott nicht eine Verkleidung oder ein totes Instrument, schon gar nicht eine Art Marionette in der Hand Gottes. Er wirkt das Heil durch seinen menschlichen Gehorsam und Dienst. Durch seinen Gehorsam macht er den Ungehorsam Adams wieder gut.
Nur wenn Jesus Christus nicht nur wahrer Gott, sondern auch wahrer Mensch ist, kann er uns erlösen (Anselm von Canterbury).

### Anregungen zur Weiterarbeit

1. Fassen Sie die zentralen Aussagen des Konziltextes M 1 pointiert zusammen.
2. Erläutern Sie, was gemeint ist, wenn Jesus als eine Person und Hypostase (= Dreifaltigkeit: Vater, Sohn, Heiliger Geist), als wahrer Mensch und wahrer Gott definiert wird. Beziehen Sie sich dabei auch auf M 2 und M 3.
3. Begründen Sie, warum gerade diese Definition Jesu die Grundlage des christlichen Glaubens ist. Lesen Sie hierzu vertiefend M 3 und beziehen Sie sich auch auf M 2.

## M 3 Leo Scheffczyk: Der Sohn Gottes und die Menschwerdung Jesu

Nach den Evangelien war es Petrus, der als einer der ersten Jesus als den „Messias" und als den „Sohn Gottes" (Mt 16,16) erkannte. Diese Kennzeichnung Jesu als „Sohn Gottes" ist offenbar das Höchste, was die Jünger über Christus sagen konnten. Freilich hatte der Titel „Sohn Gottes" im Judentum noch einen anderen Klang als in der folgenden Zeit bei den Christen. Die Juden verstanden unter einem „Sohn Gottes" nur einen Engel oder einen Beauftragten Gottes oder aber auch das ganze, von Gott auserwählte Volk oder den von Gott bestellten König.
Wenn dagegen die Evangelien und die Apostelbriefe von Jesus Christus als dem „Sohne Gottes" sprechen, so schwingen hier ganz andere Ober- und Untertöne mit. Das lässt sich schon an dem erwähnten Bekenntnis des Petrus ersehen. Wenn der Erstapostel hier nur im Sinne des alten Judentums von Christus als einem besonderen Beauftragten Gottes oder als dem Messias gesprochen hätte, wäre nicht zu erklären, warum Christus ihn selig preist und warum er sagt, dass Petrus diese Erkenntnis durch eine Offenbarung des Vaters empfangen habe (Mt 6,17); denn zur Erkenntnis eines „höheren Beauftragten Gottes" bedarf es doch keiner besonderen Offenbarung des Vaters. Wohl aber wird eine solche notwendig, wenn man mit diesem Wort den innersten Kern des Geheimnisses Jesu trifft.

Auch aus dem Munde Jesu gibt es ein Wort über seine Gottessohnschaft, das so gewaltig und erstaunlich ist, dass es die modernen Kritiker nicht recht in den Rahmen der Predigt Jesu einzuordnen wissen und es am liebsten unbeachtet lassen möchten. Es ist die Aussage, in der Jesus sich mit der Macht, mit dem Erkennen und Leben des Vaters ganz zusammenschließt. Er sagt: „Alles ist mir von meinem Vater übergeben; und niemand kennt den Sohn als der Vater; und auch den Vater kennt niemand als der Sohn, und wem es der Sohn offenbaren will" (Mt 11,27). Hier spricht sich ein einzigartiges Sohnes- und Selbstbewusstsein Jesu aus. Es hebt Jesus über die im Judentum und bei den Griechen bekannten „Göttersöhne" unvergleichlich hinaus. Er steht hier ganz auf Seiten des Vaters. Das erkannten auch die Jünger und Apostel wie die frühen christlichen Gemeinden, wenn sie diesen Hoheitstitel Jesu bevorzugten. Freilich bedurfte es einer gewissen Zeit, in der das Verständnis für dieses Hoheitsprädikat Jesu reifen konnte. Es bedurfte auch gewisser Ereignisse und neuer Situationen, die den Jüngern das Geheimnis des Gottessohnes aufschlossen. Auch wir begreifen ja vieles erst dann, wenn wir durch bestimmte Erlebnisse darauf gestoßen werden.
Die Ereignisse nun, an denen den Jüngern die volle Bedeutung des Gottessohnes aufging, waren sein Tod am Kreuz und seine Auferstehung von den Toten.

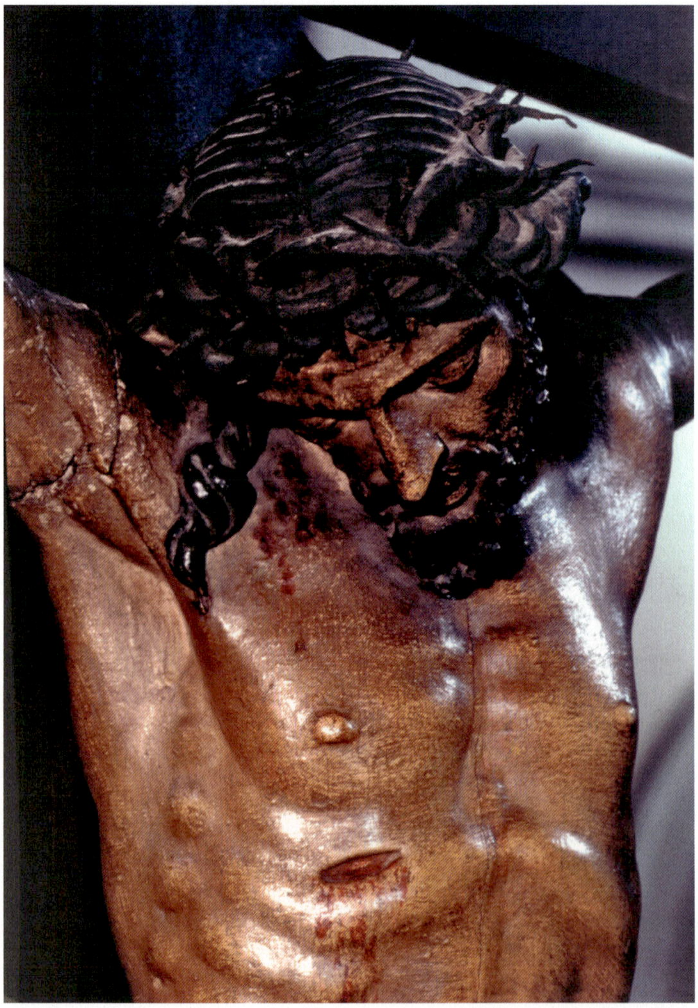

Was den Jüngern am lebenden Jesus nur als Ahnung oder als Vermutung erschien – deshalb das erstaunte Fragen: „Wer ist doch dieser?“ (Mk 4,40) –, das wurde ihnen im Lichte des Ostermorgens zur gläubigen Gewissheit: Der irdische Jesus, der Gekreuzigte und der Auferstandene, war und ist der einzigartige Sohn Gottes!

Danach wussten es die Jünger in höchster Klarheit: Jesus Christus ist mit Gott geradezu zusammengeschlossen. Er ist als Sohn des Vaters der Geliebte (Mk 1,11), der Einzige (Joh 1,14), der Erstgeborene (Röm 8,29). Er tut nur das, was er den Vater tun sieht (Joh 5,19). Die Erfüllung des Willens des Vaters ist gleichsam „die Speise“ seines Lebens (Joh 4,34). So steht Jesus mit seinem Vater in einer Einheit, die das Denken und Handeln, aber auch das innerste Leben umfasst. Deshalb kann er nach dem Johannesevangelium sagen: „Ich und der Vater sind eins“ (Joh 10,30), und: Wer den Sohn sieht, der „sieht auch den Vater“ (Joh 14,9). […] „Als er in Gottes Gestalt war, hielt er nicht dafür, dass er die Gottgleichheit als Raub an sich risse, sondern er entäußerte sich selbst, nahm Knechtgestalt an, war den Menschen gleich und ward im Äußeren als Mensch erfunden“ (Phil 2,6 f). Hier ist das Geheimnis ausgesprochen, dass der Sohn Gottes Mensch geworden ist. Erkennt man mit den Männern der Bibel den himmlischen Christus an und blickt man auf die Vorgeschichte Jesu in der Welt des Vaters, so wird man erst recht gewahr, was eigentlich sein Kommen in die Menschheit bedeutet. Nach einer weit verbreiteten Auffassung ist das Kommen Christi in die Welt so zu verstehen, dass da ein gottverbundener Mensch oder ein gotterfüllter Prophet aufstand, auf den die Menschen hörten und auf den auch wir hören sollen. Das ist gleichsam eine eindimensionale Sicht auf Jesus Christus, die keinen Hintergrund und keine Tiefe hat. Jesus verliert sich in dieser Sicht wie ein verschwindender Punkt im Gewirr der Linien der Weltgeschichte.

Wer aber mit der Heiligen Schrift und mit der Kirche den gewaltigen Hintergrund dieser „göttlichen Geschichte“ des Sohnes in der Welt des Vaters sieht, erkennt mit einem Male, dass in der Menschwerdung des Sohnes etwas Gewaltiges geschehen ist, obgleich der Evangelist Johannes es in die schlichten Worte fasst: „Und das Wort ist Fleisch geworden und hat unter uns gewohnt“ (Joh 1,14). Er, der der Geist des Ganzen und die unendliche Macht über und in aller Schöpfung ist, verbindet sich mit einem geringen Teil der Welt, ja, man könnte sogar sagen, mit einem geringen Staubkorn, mit dem Menschen, der freilich ein denkendes Staubkorn ist. […]

Die Heilige Schrift bezeugt aber nicht nur die Tatsache der Menschwerdung des Sohnes Gottes, sie offenbart uns auch ihren Sinn; denn sie erklärt, dass in Jesus Christus das immerwährende Gespräch Gottes mit der Menschheit vollendet werden sollte, indem das Wort Gottes in einer wahren Menschheit Gestalt annahm. So vereiniget sich das ewige Wort Gottes mit einem zeitlichen menschlichen Sein.

Damit war Gott an einem Punkte der menschlichen Geschichte selbst anwesend; er war in einem Menschen gleichsam so verleiblicht, dass die Jünger sagen konnten: „Wir verkünden euch, was wir gehört und mit eigenen Augen gesehen haben, was wir geschaut und was unsere Hände berührt haben vom Wort des Lebens. Das Leben ist sichtbar erschienen und wir sahen es“ (1 Joh 1,1). Gott sollte an einer Stelle der Welt und der Geschichte, in einem einzigartigen Menschen, „zu greifen“ sein, damit die Welt an diesem Menschen ihr Heil sichtbar erkenne und es durch ihn mit höchster Wirksamkeit empfange. Im menschengewordenen Sohn wollte sich Gott an einem „Ort“ der Welt ganz welthaft, ganz natürlich und menschlich „zeigen“ und seine „Güte und Menschenfreundlichkeit“ erscheinen lassen (Tit 3,4), damit die Menschen das Heil in voller irdischer Wirklichkeit und in menschlicher Realität erlebten. Dieser einzigartige Ort sollte dann auch der Durchgangspunkt, das Tor und der Weg sein, auf dem die Menschen unmittelbar zum Vater kommen konnten; denn „niemand kommt zum Vater als durch mich“ (Joh 14,6).

Man kann also nicht sagen, dass das Geheimnis der Menschwerdung des Sohnes nicht zu „verstehen“ sei oder dass es keinen Sinn hätte. Es hat sogar einen dem Menschen sehr naheliegenden Sinn und eine Bedeutung, die den Menschen unmittelbar betrifft, ihm gleichsam „unter die Haut geht“.

Die großen Theologen der alten Zeit, die das Christusgeheimnis auf den ersten Konzilien der Kirche in die rechten Worte zu fassen suchten, betonten immer wieder, dass Gott hier nicht einfach ein neues, höchstes Wunder vor der Welt aufrichten wollte, gleichsam zur Krönung seiner Taten in der Welt. Die wussten vielmehr, dass wir ohne den menschgewordenen Sohn nicht hätten erlöst werden können; denn ein *Gott allein* hätte uns nicht aus diesem Elend befreien können. […]

Aber ist das, was uns so sinnvoll erscheint, mit dem Verstand auch völlig zu begreifen? Ist der „Gottmensch“ wie jeder andere Mensch zu erklären und gedanklich zu erfassen? Das werden wir von einem Geheimnis wohl kaum verlangen können. Und doch ist dieses Geheimnis für uns völlig undurchsichtig.

Ein Beispiel verdeutlicht dies: Im Gottmenschen Jesus Christus trafen sich gleichsam zwei Ebenen und durchschnitten einander: die Ebene des Menschlich-Weltlichen und die des Überweltlich-Göttlichen. Wo solche Ebenen aufeinandertreffen, entsteht eine neue Dimension, die Dimension des Raumes, der Höhe und der Tiefe. Wenn wir nun (in einem schlichten Gedankenexperiment) ein lebendes, fühlendes der gar denkendes Wesen annehmen, das nur flächenhaft, ohne räumliche Ausdehnung, auf der unteren Ebene existiert, so könnte es niemals vollkommen begreifen, was die Tiefe und die Höhe ist, die durch die zweite Ebene gebildet wird. Es könnte sich vor allem ein anderes Wesen nicht vorstellen, das *in dem Schnittpunkt* der beiden Ebenen existiert.

So können auch wir uns die neue Dimension des Gottmenschen nicht „vorstellen“, weil wir als Menschen nicht in dieser Dimension leben. Wir können sie aber doch gedanklich berühren, wie es vergleichsweise der Mathematiker tut, wenn er von der „vierten Dimension“ spricht. Und wir können uns im Glauben und in der Liebe an sie herantasten, um sie einmal zu erfassen, wie es der heilige Paulus verheißt: „Dann werdet ihr mit allen Heiligen erfassen die Breite und Länge, die Höhe und Tiefe“ des Christusgeheimnisses, das „alle Erkenntnis übersteigt“ (Eph 3,18 f).

## M 4 Mk 9,2–10: Die Verklärung Jesu

2 Sechs Tage danach nahm Jesus Petrus, Jakobus und Johannes beiseite und führte sie auf einen hohen Berg, aber nur sie allein. Und er wurde vor ihren Augen verwandelt; 3 seine Kleider wurden strahlend weiß, so weiß, wie sie auf Erden kein Bleicher machen kann.
4 Da erschien vor ihren Augen Elija und mit ihm Mose und sie redeten mit Jesus.
5 Petrus sagte zu Jesus: Rabbi, es ist gut, dass wir hier sind. Wir wollen drei Hütten bauen, eine für dich, eine für Mose und eine für Elija. 6 Er wusste nämlich nicht, was er sagen sollte; denn sie waren vor Furcht ganz benommen.
7 Da kam eine Wolke und warf ihren Schatten auf sie, und aus der Wolke rief eine Stimme: Das ist mein geliebter Sohn; auf ihn sollt ihr hören.
8 Als sie dann um sich blickten, sahen sie auf einmal niemand mehr bei sich außer Jesus.
9 Während sie den Berg hinabstiegen, verbot er ihnen, irgendjemand zu erzählen, was sie gesehen hatten, bis der Menschensohn von den Toten auferstanden sei.
10 Dieses Wort beschäftigte sie und sie fragten einander, was das sei: von den Toten auferstehen.

**Giovanni Battista Paggi, Verklärung Christi, Altarbild, Klosterkirche San Marco, Florenz**

## M 5 Hubertus Halbfas: Verklärung Jesu

Mit einer auffälligen Zeitangabe beginnt diese ungewöhnliche Geschichte. Im Blick auf das Vorhergegangene sind die „sechs Tage" ohne Bezug. Sie haben jedoch einen Hintergrund in der Jüdischen Bibel: Sechs Schöpfungstage gehen dem Ruhen Jahwes voraus (Gen 2,2); sechs Tage lang bedeckte die Wolke den Berg Sinai, am siebten Tag rief Jahwe Mose aus der Wolke herbei (Ex 24,16). Dieses Zeitsignal lässt erwarten, dass nun Jesus als der „neue Mose" vor seinen Jüngern offenbar werden soll.
Auch die Ortsangabe bewegt sich nicht in der Topographie Galiläas. Jeder Berg, den man auf der Landkarte suchen möchte, wäre falsch, also auch der Berg „Tabor". Die Berge, die Jesus im Markusevangelium besteigt, sind symbolische Orte der Gottesnähe. In Mk 6,46 zieht er sich auf den „Berg" zurück, um zu beten; hier in 9,2 ist der „Berg" wie der Sinai Ex 19,3 und 24,1 f. Ort der Theophanie.
Für die „Verklärung" Jesu gibt es einen entsprechenden biblischen Hintergrund. Ex 34,29–35 erzählt, dass Mose, als er vom Sinai herunterstieg, Licht ausstrahlte, weil er mit Jahwe geredet hatte, so dass alle, die ihn sahen, sich fürchteten, in seine Nähe zu kommen. Markus schildert das Weißwerden der Gewänder Jesu, wie sie auf Erden keiner weißen kann – ähnlich wie in der apokalyptischen Literatur die Auferstandenen geschildert werden, die „mit den Gewändern der Herrlichkeit bekleidet werden", und wie dies später in der Johannes-Apokalypse begegnet (3,5; 7,9). Das strahlende Weiß ist Ausfluss des göttlichen Lichtglanzes, den menschliche Augen sonst nicht sehen können und der in der Sprache des Markus Jesu „verwandelt". In antiken Mysterienkulten wird die Vergottung eines Menschen vergleichbar beschrieben.
Zu Jesus gesellen sich als himmlische Gestalten Elija und Mose. Beiden sprach das Judentum eine leibliche Entrückung in den Himmel zu. Indem sie ihn flankieren, verweisen sie auf ihn als den Größeren, der ihre Hoffnungen erfüllt. Dazwischen drängt sich eine Zwischenrede des Petrus, den das Erlebnis so fasziniert, dass er es festhalten und gleich drei Hütten für die himmlischen Gestalten bauen möchte. Darauf folgt, ähnlich wie bei der Taufe Jesu, das Zeugnis der Himmelsstimme, die Jesus zu Gottes geliebtem Sohn erklärt und zugleich die Jünger auffordert, auf ihn zu hören.

### Anregungen zur Weiterarbeit

1. Fassen Sie die wesentlichen Geschehnisse von Mk 9,2–10 (M 4) zusammen.
2. Erläutern Sie unter Zuhilfenahme von M 5 die Bedeutung der Verklärung Jesu bzgl. des Verständnisses der Person Jesus.

## 1.3 Berichte über das Leben und Wirken Jesu: die Evangelien

### M1 Hans Küng: Was können wir von Jesus wissen?

Die[se] neutestamentlichen Schriften sind in der Tat keine uninteressierten Dokumentarberichte und erst recht keine neutrale wissenschaftliche Geschichtsschreibung, sie sind vielmehr engagierte Glaubenszeugnisse, die bereits zum Glauben an diesen Jesus aufrufen. An einer eigentlichen Chronologie, Topologie, gar Psychologie des Lebens Jesu sind sie nicht interessiert. Ja, ein „Leben Jesu" im neuzeitlichen Sinn wollen sie gerade nicht bieten: Nur zwei der vier Evangelien enthalten Geschichten von der Kindheit Jesu, und alle vier enthalten nichts Weiteres über die Zeit bis zum 30. Lebensjahr Jesu. Erst mit der Verkündigung des 30-Jährigen setzen sie bekanntlich ein. Aber heißt dies nun, dass sie als historische Quellen für das, was der irdische, geschichtliche jüdische Jesus selber gesagt, getan und erlitten hat, gar nicht in Frage kommen? […]
Es ist durchaus möglich, auch sinnvoll, ja notwendig, hinter die Glaubenszeugnisse auf den Jesus der Geschichte zurückzufragen. Denn wenn diese auch nicht einfach Berichte sind, so enthalten sie doch Berichte und gründen in Berichten vom wirklichen Jesus. Mit anderen Worten: Die Geschichten von Jesus selbst lassen nach seiner wirklichen Geschichte fragen. Gegen eine immer noch allzu verbreitete historische Skepsis sei gesagt: In der langen und oft stürmischen Geschichte der modernen Exegese hat sich die Jesus-Überlieferung als historisch relativ zuverlässig erwiesen. Und zwischen der oberflächlichen Leichtgläubigkeit des unkritischen und der radikalen Skepsis des hyperkritischen Lesers lässt nur eine möglichst umfassend angewandte historisch-kritische Methode den richtigen Weg finden. Geht es doch nicht darum, eine kontinuierlich sich entwickelnde Biographie zu eruieren, wohl aber das wirklich mit Jesus Geschehene: die charakteristischen Grundzüge und Umrisse von Jesu Verkündigung, Verhalten und Geschick. […]
Auch Samuel Sandmel wollte zumindest „gewisse reine Fakten" als „historisch unbezweifelbar" festhalten: „Jesus, der die öffentliche Aufmerksamkeit in Galiläa unter der Herrschaft von Herodes Antipas als Tetrarchen auf sich zog, war eine wirkliche Persönlichkeit, der Anführer einer Bewegung. Er hatte Anhänger, die Jünger genannt wurden. Der Anspruch wurde erhoben, entweder durch ihn oder für ihn, dass er der langerwartete jüdische Messias sei. Er begab sich von Galiläa nach Jerusalem, vermutlich um das Jahr 29 oder 30, und dort wurde er hingerichtet, gekreuzigt von den Römern als ein politischer Rebell. Nach seinem Tod glaubten seine Jünger, dass er von den Toten auferweckt und zum Himmel aufgefahren sei, dass er aber zu gegebener Zeit zur Erde zurückkehren werde, für das letzte göttliche Gericht über die Menschheit."
Die meisten jüdischen Jesus-Forscher meinen nun freilich bezüglich der charakteristischen Grundzüge und Umrisse von Jesu Verkündigung, Verhalten und Geschick erheblich mehr sagen zu können, und dies zuallermeist in Übereinstimmung mit den maßgeblichen christlichen Exegeten.

Ein breiter jüdisch-christlicher Konsens steht hinter folgenden historischen Ergebnissen:

- dass Jesus aus Nazaret in Galiläa stammte,
- dass er als Sohn des Zimmermanns Joseph und der Mirjam geboren wurde,
- dass er im Kreis von mehreren Brüdern und Schwestern aufwuchs,
- dass er sich vom asketischen Bußprediger Johannes die (wie immer zu verstehende) Taufe geben ließ,
- dass er sich erst jetzt zur öffentlichen Wirksamkeit berufen sah und die Jesus-Bewegung (mehr oder weniger unmittelbar) aus der Täuferbewegung hervorgegangen ist,
- dass er als Wanderprediger die Nähe des endzeitlichen Gottesreiches angesagt und sein Volk zur Umkehr aufgerufen hat,
- dass er dabei auch zahlreiche Heilungswunder, besonders auch an psychisch Kranken, wirkte,
- dass er in Distanz zur eigenen Familie, zu Mutter und Geschwistern, eine Jüngergruppe um sich sammelte,
- dass er vor allem bei den „Armen" aller Art, den Deklassierten, den Verfemten, den Kranken und besonders den Frauen, Gehör fand,
- dass er sich schon in Galiläa in einen sich verschärfenden Konflikt mit den jüdischen Autoritäten verwickelt sah,
- dass er so beim Volk immer weniger Anklang fand,
- dass er dann besonders bei der Verkündigung in Jerusalem einen augenscheinlichen Misserfolg und schließlich einen gewaltsamen Tod erfuhr.

### M2 Peter Rosien: Ein Geheimcode entschlüsselt die Evangelien

„Die meisten Christen in den Kirchenbänken", so der Theologe Peter de Rosa, „halten die Evangelien für den Tatsachen entsprechende Geschichten. Sie haben keine Ahnung, dass sie die komplexesten, widersprüchlichsten literarischen Konstruktionen der Antike sind. Deshalb haben sie auch keine Ahnung, wie sie sie lesen sollen. Sie beharren leidenschaftlich darauf, die Evangelien seien das eine, was sie nicht sein können: einander ergänzende Biografien Jesu."
Mit diesen Sätzen lädt der frühere katholische Theologieprofessor Peter de Rosa, London, dazu ein, die Evangelien, die Bibel überhaupt, kundig zu lesen. Nur so habe Gott eine Chance, uns aus diesem Buch heraus noch anzusprechen. Kundig lesen heißt lesen in Kenntnis der Einsichten, die die Bibelwissenschaft in zurückliegenden Jahrzehnten gewonnen hat. Dabei geht es um die methodische Entschlüsselung der Evangelien (Geheimcode) und um die Ergebnisse.
Die Ergebnisse seien hier zuerst genannt, damit man für die etwas kompliziertere Methode genug Neugier mitbringt:

- Die Evangelien sind vierzig bis siebzig Jahre nach dem Tod Jesu geschrieben und redigiert worden, und zwar in Syrien. Über die Autoren Markus, Matthäus, Lukas und Johannes wissen wir so gut wie nichts. Sie haben alte

Überlieferungen für Leser ihrer Zeit gedeutet. Enthalten ihre Texte das „zeitlos inspirierte Evangelium"? Das ist angemessen nur zu erfassen, wenn man die religiöse Welt dieser Zeit, die jüdische wie die hellenistische, berücksichtigt. Ebenso die sozialen Umstände, in denen die syrischen Adressaten der Texte damals lebten. Für *diese Menschen* sind die Texte konkret geschrieben […].

- Nahezu alle biografischen Angaben in den Evangelien stammen aus der Feder der Evangelisten. Diese waren keine Augenzeugen des Wirkens Jesu mehr. Sie haben den zeitlichen und örtlichen Rahmen des Lebenslaufs Jesu aus schriftstellerischen Gründen selbst gesetzt. Besonders Markus und Lukas lassen bisweilen erkennen, dass sie nur vage Kenntnisse von Land und Leuten im Palästina der Zeit Jesu hatten.
- In den Evangelien sind zwei historische Ebenen übereinander gelagert: Die Jesus-Zeit um 30 und die Zeit nach 70, nach der Zerstörung des Jerusalemer Tempels durch die Römer. Diese Katastrophe wird in den Evangelien als bereits geschehen angedeutet. Zum Beispiel in der rückblendend Jesus in den Mund gelegten Prophezeiung in Markus 13,1. In die Jahrzehnte nach 70 fällt besonders die teils hoch polemische Abkehr vom damaligen Judentum. Sie wurde in böse Urteile Jesu über die jüdischen „Schriftgelehrten und Pharisäer" zurückprojiziert. Das Judentum hatte sich nach der Katastrophe von Jerusalem gerade in Syrien neu formiert. Die Ablösung von der Synagoge wurde für die jüdische Sekte der „Christianoi" mit der immer deutlicher formulierten Gottheit Jesu unumgänglich. Ein Mensch als Gott – das ist jüdisch ein undenkbarer Gedanke.
- Der Verfasser des Johannesevangeliums hatte sicher eines oder mehrere der anderen Evangelien gelesen, bevor er – als Letzter – um das Jahr 100 daranging, seinen Text zu schreiben […]. Aber auch wenn der vierte Evangelist die Bücher seiner Vorgänger kannte, er zitiert nicht aus ihnen. Er deutet die Überlieferung von Jesus auf ganz unabhängige Weise, entfaltet seine eigene Glaubensvision. Neutestamentler sind sich bei Johannes weitestgehend einig: Der Evangelist überliefert in all dem nicht ein einziges authentisches Wort von Jesus. Schon gar nicht in den ergreifenden „Ich-bin"-Reden.

Aber woher weiß man das eigentlich alles? Wie kann man als theologischer Laie der historisch-kritischen Erforschung der Evangelien methodisch auf die Spur kommen? Zwei Vorausdeutungen sind entscheidend. Man muss eine „Synopse" studieren, und man muss den Geheimcode der Bibelforschung kennen.

Zunächst die Synopse: Dies ist ein im Handel erhältliches Buch, das die Texte der vier Evangelien in vier Spalten nebeneinander darstellt. So kann man einander entsprechende Passagen direkt vergleichen. Schon in einer deutschen Übersetzung sind dabei Kapitel für Kapitel erstaunliche Unterschiede zu erkennen. Und rasch wird auch deutlich: Das Johannesevangelium hat die wenigsten Gemeinsamkeiten mit den drei anderen Evangelien. Er schert komplett aus. Die Texte von Matthäus, Markus und Lukas kann man dagegen gut nebeneinander vergleichen. Diese drei Evangelien heißen deshalb „Synoptiker", was vom griechischen Wort für „zusammenschauen" herrührt.

Und der Geheimcode? Ihn haben Bibelwissenschaftler beim Vergleich der synoptischen Evangelien im griechischen Urtext geknackt. Seit Jahrzehnten ist er nicht mehr strittig. Er dechiffriert die immer wieder zu erkennenden Unstimmigkeiten, Brüche, Widersprüche, geografischen und zeitlichen Abweichungen in den Texten.

Wissenschaftlich heißt der Code „Zwei-Quellen-Theorie" und besagt dies: Als Matthäus um das Jahr 85 und Lukas um 95 unabhängig voneinander ihre Evangelien schrieben, hatten sie jeweils zwei Quellen vor sich auf dem Tisch liegen: das fertige Markusevangelium, das kurz nach dem Jahr 70 entstanden war, und eine Sammlung von Jesus-Worten, die die Wissenschaft heute einfach Spruch-Quelle „Q" nennt […]. Das Markusevangelium ist in den beiden anderen Synoptikern umfänglich enthalten. Von seinen insgesamt 661 Versen zitiert Matthäus 630 und Lukas 350. Beide Evangelisten gruppieren aber viele Markus-Passagen neu, kürzen oder ergänzen sie immer wieder. Das wird zum Beispiel im Vergleich der Texte zu den „Krankenheilungen am Abend" deutlich (Mt 8,16–17 […]).

Was bei Markus nicht steht, schält sich im Vergleich von Matthäus und Lukas aus der Quelle „Q" heraus, insgesamt mehr als 200 Verse. Auch hier wieder gehen beide Evangelisten mit dieser Vorlage unterschiedlich um. Als Drittes kann man bei Matthäus und Lukas sogenanntes Sondergut erkennen. Texte, die keine Entsprechung im jeweils anderen Evangelium haben und die dann eben – wie „Q" selbst – auch nicht bei Markus vorkommen. Zu solchem Sondergut zählt zum Beispiel das lukanische Gleichnis vom verlorenen Sohn. […]

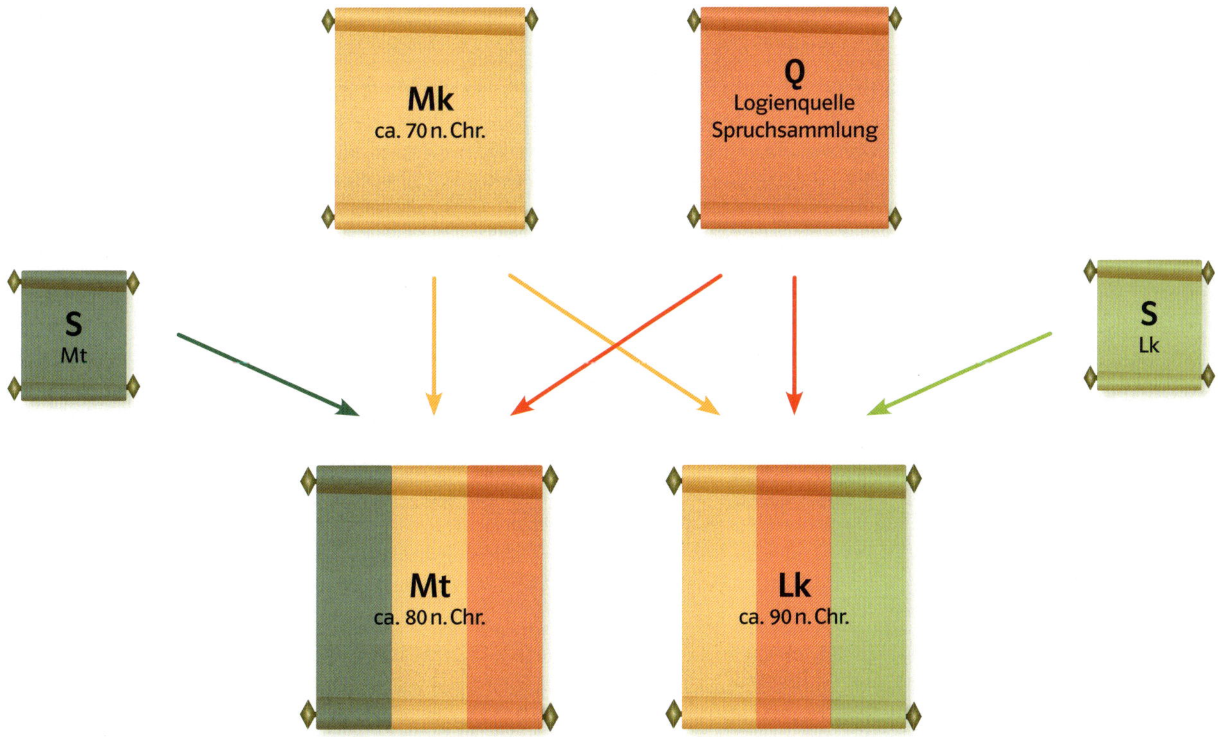


## M 3 Heinrich Fries: Der irdische Jesus und der Christus des Glaubens

Der Glaube an Jesus Christus ist nach Paulus die Absage an menschliche Selbstherrlichkeit und Selbstgerechtigkeit, die aus eigener Kraft das Heil zu erlangen strebt und die eben damit Jesus Christus und Gottes Tat in ihm verleugnet. Die Rechtfertigung geschieht deshalb durch den Glauben allein. Denn im Glauben allein wird das in und durch Christus für mich Geschehene erschlossen, vermittelt und angeeignet. Von diesem Ansatz aus sei noch einmal ein Schritt zu den synoptischen Evangelien getan, die in ihrem Zeugnis vom verkündenden Jesus den Glauben an Jesus, den Christus, nicht erwähnen. Diese Evangelien sind aber ebenfalls im Lichte der Osterbotschaft und des Auferstehungsglaubens geschrieben. Sie führen die Aussage „Jesus ist der Christus" in der Form weiter: „Christus ist Jesus von Nazaret", um die Identität des irdischen Jesus mit dem verkündigten Christus, mit dem Christus des Glaubens, zu bezeugen, um damit das Christus-Kerygma vor dem Verdacht eines ungeschichtlichen Mythos zu bewahren.

Das Problem „historischer, irdischer Jesus – Christus des Glaubens" ist also kein neues Thema, sondern bereits das Grundthema des Neuen Testaments selbst. Zwischen diesen beiden Aspekten und Dimensionen besteht indes kein Widerspruch, sondern jene Kontinuität und Diskontinuität, jener Zusammenhang und jener Umbruch, die durch den Weg und das Geschick Jesu gegeben sind: Tod, Auferweckung von den Toten.

Alle Schriften des Neuen Testamentes gehen vom Glauben an Jesus, den Auferstandenen, den Messias und Kyrios, aus. Die synoptischen Evangelien blicken von diesem Horizont aus auf den irdischen Jesus zurück und erkennen bereits im Leben und Wirken des vorösterlichen Jesus die Züge der kommenden Herrlichkeit. Ihnen ist die Aussage und das Bekenntnis wichtig: Der Christus ist Jesus von Nazaret.

Paulus spricht kaum vom irdischen Jesus. Es kommt ihm alles darauf an, von dem im Gekreuzigten und Auferstandenen, von dem in Christus eröffneten Heil zu sprechen, von der in Christus dem Menschen geschenkten Gerechtigkeit und Versöhnung, von der neuen Schöpfung. Jesus ist der *Christus* – das ist das Zeugnis des Paulus und die für ihn entscheidende Aussage. Zwischen Paulus und den Synoptikern besteht kein Widerspruch, sondern die je verschiedene Akzentuierung der einen in Jesus, dem Christus, gegebenen Zuwendung Gottes zu den Menschen.

## Anregungen zur Weiterarbeit

1. Fassen Sie zusammen, wie Küng in M 1 die Frage „Was können wir von Jesus wissen?" beantwortet.
2. Erläutern Sie, welche Funktion und Intention die Evangelientexte laut Küng M 1 und Fries M 3 aufweisen.
3. Begründen Sie, inwiefern die Evangelientexte historische Belege für das Leben Jesu darstellen können. Lesen Sie hierzu M 2.
4. Erklären Sie die Zwei-Quellen-Theorie anhand des Schaubildes.
5. Auf Seite 16 finden Sie die Synopse zum Tod Jesu am Kreuz M 4. Vergleichen Sie die Texte der vier Evangelisten miteinander und weisen Sie daran die Zwei-Quellen-Theorie nach.
6. Fassen Sie zum Abschluss dieses ersten Kapitels alle Ergebnisse und Informationen zu „Jesus von Nazaret – Jesus Christus" in einer Mindmap zusammen. Hilfestellung zur Durchführung der Methode bieten Ihnen die Methodenseiten.

## M 4 Jesus stirbt am Kreuz (Synopse)

| Mt 27,45–54 | Mk 15,33–39 | Lk 23,44–48 | Joh 19,28–30 |
|---|---|---|---|
| 45 Von der sechsten Stunde an ward Finsternis über die gesamte Erde bis zur neunten Stunde. | 31 Und als es die sechste Stunde geworden war, ward Finsternis über die gesamte Erde bis zur neunten Stunde. | 44 Und es war schon ungefähr die sechste Stunde, und Finsternis ward über die gesamte Erde bis zur neunten Stunde, 45 die Sonne erlosch. Es zerriss aber der Vorhang des Tempels mitten (hindurch). | |
| vgl. V. 51 | vgl. V. 38 | | |
| 46 Um die neunte Stunde aber schrie Jesus auf mit gewaltiger Stimme, sagte: Eli, eli, lama sabachtani? dies ist: „Mein Gott, mein Gott, warum hast du mich im Stich gelassen?“* | 34 Und in der neunten Stunde schrie Jesus mit gewaltiger Stimme: Eloi, eloi, lama sabachtani? das ist verdolmetscht: „Mein Gott, mein Gott, wozu hast du mich im Stich gelassen?“* | | |
| 47 Einige aber der dort Stehenden hörten es, sagten: Elija ruft dieser! | 35 Und einige der Dabeistehenden hörten es, sagten: Sieh an, Elija ruft er! | | |
| | | | 28 Danach – wusste doch Jesus, dass schon alles vollbracht war –, damit vollendet werde die Schrift, sagt er: Mich dürstet. 29 Ein Gefäß stand da voll Essig. Einen Schwamm nun voll des Essigs auf einen Ysopstengel steckten sie, und brachten (ihn) herbei an seinen Mund. |
| 48 Und sogleich lief einer aus ihnen und nahm einen Schwamm, füllte ihn mit „Essig“, steckte ihn auf ein Rohr und „tränkte“ ihn**. | 36 Jemand aber lief, machte einen Schwamm voll mit „Essig“, steckte ihn auf ein Rohr und „tränkte“ ihn,** | vgl. V. 36 | |
| 49 Die übrigen aber sprachen: Lass, wir wollen sehen, ob Elija kommt, ihn zu retten! | sagte: Lasset, wir wollen sehen, ob Elija kommt, ihn herabzunehmen. | | |
| 50 Jesus aber, wiederum schreiend mit gewaltiger Stimme, | 37 Jesus aber, entlassend eine gewaltige Stimme, | 46 Und rufend mit gewaltiger Stimme, sprach Jesus: Vater, „in deine Hände überantworte ich meinen Geist.“*** Dies aber sprach er und hauchte | 30 Als Jesus nun genommen hatte den Essig, sprach er: Es ist vollbracht! Und er neigte das Haupt und |
| entließ den Geist. | hauchte aus (seinen Geist). | aus (seinen Geist). | überlieferte den Geist. |

| Mt 27,45–54 | Mk 15,33–39 | Lk 23,44–48 | Joh 19,28–30 |
|---|---|---|---|
| 51 Und siehe, der Vorhang des Tempels zerriss von oben bis unten entzwei, und die Erde bebte, und die Felsen zerrissen. 52 Und die Gräber öffneten sich, und viele Leiber der entschlafenen Heiligen wurden erweckt; 53 und sie gingen hinaus aus den Gräbern nach seiner Erweckung, und gingen hinein in die heilige Stadt, und sichtbar wurden sie vielen. | 38 Und der Vorhang des Tempels zerriss von oben bis unten. | vgl. V. 45 | |
| 54 Der Hundertschaftsführer aber und die, welche mit ihm Jesus bewachten, | 39 Es sah aber der Centurio, der dabeistand, ihm gegenüber, | 47 Es sah aber der Hundertschaftsführer | |
| sahen das Erdbeben und die Geschehnisse, | dass er so den Geist aushauchte, da | das Geschehnis, da verherrlichte er Gott, | |
| da fürchteten sie sich sehr, sagten: Wahrhaftig, Gottes Sohn war dieser! | sprach er: Wahrhaftig, dieser Mensch war Gottes Sohn! | sagte: Wirklich, dieser Mensch war gerecht! | |
| | | 48 Und all die zu diesem Schauspiel mit herbeigekommenen Volksscharen, die den Geschehnissen zugeschaut hatten, schlugen an die Brust und kehrten zurück. | |

* Ps 22,2. ** Ps 69,22. *** Ps 31,6.

*Petrusevangelium* 15–20: 15 Es war aber Mittag, und eine Finsternis bedeckte ganz Judäa. Und sie gerieten in Angst und Unruhe darüber, dass die Sonne schon untergegangen sei, da er ja noch am Leben war. (Denn) es steht ihnen geschrieben, die Sonne dürfe nicht über einem Getöteten untergehen. 16 Und einer unter ihnen sprach: „Gebet ihm Galle mit Essig zu trinken.“ Und sie mischten es und gaben ihm zu trinken. 17 Und sie erfüllten alles und machten das Maß der Sünden über ihr Haupt voll. 18 Viele aber gingen mit Lichtern umher, (und) da sie meinten, es sei Nacht (begaben sie sich zur Ruhe *oder:* sie fielen hin). 19 Und der Herr schrie auf und rief: „Meine Kraft, o Kraft, du hast mich verlassen“! Und indem er dies sagte, wurde er aufgenommen. 20 Und zu derselben Stunde riss der Vorhang des Tempels zu Jerusalem entzwei.

# 2 Jesus und „seine Sache“ – Verkündigung des Reiches Gottes

Jesus – wahrer Mensch und wahrer Gott: So haben Sie ihn bis hierhin kennengelernt. Diesem Jesus folgten immer mehr Menschen und hörten seiner Botschaft zu. Doch was war der Inhalt dieser Botschaft? Was war/ist das Besondere, das Hoffnungsvolle daran? Und wie verdeutlichte er diese Botschaft seinen Anhängern?
Jesu Botschaft, Handeln und Wirken: Themen, denen sich dieses Kapitel widmet.

## 2.1 Das Reich Gottes – Definitionsversuche

**M 1** Mk 1,15

Jesus sprach: Die Zeit ist erfüllt, das Reich Gottes ist nahe. Kehrt um, und glaubt an das Evangelium!

### Anregungen zur Weiterarbeit

1. Gestalten Sie ausgehend von **M 1** Ihre persönliche Vorstellung vom Reich Gottes (Rap, Collage, Comic, Bild …).
2. Präsentieren Sie im Plenum Ihre Ergebnisse.
3. Formulieren Sie mithilfe dieser Ergebnisse eine Definition des Reiches Gottes, die vor allen Dingen dessen Wesensmerkmale verdeutlicht.
4. Erklären Sie die verschiedenen Reich-Gottes-Traditionen mithilfe von **M 2**.
5. Erläutern Sie, was Jesus damit meint, wenn er sagt: „Das Reich Gottes ist schon mitten unter euch.“ Konkretisieren Sie Ihre Ausführungen anhand von Beispielen aus dem Handeln und Wirken Jesu.
6. Nennen Sie auf dieser Grundlage Charakteristika der Reich-Gottes-Botschaft Jesu. Lesen Sie vertiefend **M 3** und **M 4**. Ergänzen Sie anschließend Ihre Definition des Reiches Gottes (Aufgabe 2).

**M 2** Hubertus Halbfas: Das Reich Gottes

Jesu Lehre vom „Reich Gottes“ ist sein zentrales Programm. Auch sein praktisches Verhalten und Wirken diente diesem Programm.
Der Begriff „Reich Gottes“ – die sinngleichen Wendungen „Reich der Himmel“ oder „Königtum Gottes“ eingeschlossen – hat eine lange Geschichte, bis in die Jüdische Bibel zurück. Dort verbindet sich mit dem „Königtum Gottes“ zunächst Gottes Souveränität, nicht aber ein Gebiet, über das die Herrschaft ausgeübt wird. Solange es einen König gab, stand die göttliche Souveränität in Entsprechung zur irdischen Königsherrschaft. Als „Sohn Gottes“ war der König Repräsentant Gottes auf Erden. Doch dachte man sich das „Reich Gottes“ über die Grenzen Israels hinaus, in der Erwartung, dass eines Tages auch die Heiden dem einen wahren Gott huldigen würden: „Ich will dir die Völker zum Erbe geben und der Welt Enden zum Eigentum … So seid nun verständig, ihr Könige … Dienet Jahwe mit Furcht“ (Ps 2,8–11).
Seit dem Ende des Königtums 586 v. Chr. erwartete Israel einen neuen königlichen „Gesalbten“ (Messias), der – so die Hoffnung in Jesu Tagen – zumal von den römischen Besatzern befreien könnte:
Siehe, o Herr, lass ihren König wiederum erstehen, den Sohn Davids …, dass er mache rein Jerusalem von den Heiden, die es so kläglich niedertreten … er hält die Heidenvölker unter seinem Joch, dass sie ihm dienen … (PsSal 17,23–32).
In den Segenssprüchen von Qumran erscheint eben diese Gestalt eines siegreichen Königs. Nach einer dritten Konzeption soll das Reich Gottes aus dem irdischen Sieg himmlischer Engelscharen über die Heere Satans erstehen. Die „extremen Träumer“ von Qumran (Geza Vermes) erwarteten den Sieg über den Bereich der Geister durch den Erzengel Michael, während Israel die Herrschaft über „alles Fleisch“ erlangen werde.
Die vierte Vorstellung vom Reich Gottes, im Exil oder unter dessen Nachwirkung entwickelt, liegt jenseits aller Gewalt: Die Heidenvölker werden, nachdem sie den Gott Israels als den einzigen Erlöser erkannt haben, nach Jerusalem ziehen, um sich ihm und seinem Volk zu unterwerfen (vgl. Jes 60,3–6).
Für Jesus waren alle diese Vorstellungen in den Kategorien von Macht und Gewalt irrelevant. Auch wenn er die traditionelle Rede vom Reich oder der Herrschaft Gottes weiter verwendet, so fällt jede Betonung von Königtum bei ihm weg. […]
Wer nach dem Reich Gottes ausschaut, wie man nach dem Wetter Ausschau hält, orientiert sich auf der falschen Ebene. Als Jesus gefragt wurde, wann es denn komme, antwortete er: „Das Reich Gottes kommt nicht so, dass man es an äußeren Zeichen erkennen könnte. Man kann auch nicht sagen: Sieh, hier ist es!, oder: Dort ist es! Denn: Das Reich Gottes ist schon mitten unter euch“ (Lk 17,20 f.; Mt 12,28).

## M3 Joseph Ratzinger/Benedikt XVI.: Jesu Botschaft vom Reich Gottes

Lk 17,20 f sagt uns: „Als Jesus von den Pharisäern gefragt wurde, wann das Reich Gottes komme, antwortete er: Das Reich Gottes kommt nicht so, dass man dabei zuschauen kann [als neutraler Zuschauer!]. Man wird nicht sagen können: Hier ist es oder dort – denn siehe da: das Reich ist unter euch!" Bei den Auslegungen dieses Textes begegnen wir den unterschiedlichen Richtungen wieder, in denen das „Reich Gottes" überhaupt verstanden wurde – je nach Vorentscheidung und Grundanschauung der Wirklichkeit, die der Ausleger mitbringt.

Es gibt die „idealistische" Auslegung, die uns sagt: Das Reich Gottes ist kein äußeres Gebilde, sondern es hat seinen Ort in der Innerlichkeit des Menschen [...]. Dann gibt es die Auslegung im Sinn der Naherwartung, die erklärt, das Reich Gottes komme nicht langsam, so dass es beobachtet werden könnte; es sei ganz plötzlich da. Aber diese Interpretation hat keine Grundlage in der Formulierung des Textes. Immer mehr neigt man daher jetzt dazu, dass Christus mit diesem Wort auf sich selbst verweise: Er, der in unserer Mitte steht, ist das Reich Gottes, nur kennen wir ihn nicht (vgl. Joh 1,30 f).

Mit einer etwas anderen Nuance weist ein anderes Jesuswort in dieselbe Richtung: „Wenn ich die Dämonen durch den Finger Gottes austreibe, dann ist das Reich Gottes zu euch gekommen" (Lk 11,20). Hier ist es (wie auch im vorigen Text) nicht einfach die physische Gegenwart Jesu, in der das „Reich" da wäre, sondern durch sein im Heiligen Geist geschehendes Wirken ist es da. In diesem Sinn wird in ihm und durch ihn das Reich Gottes jetzt und hier Gegenwart, „kommt nahe herbei".

So drängt sich in einer jetzt noch vorläufigen, im ganzen Gang unseres Zuhörens auf die Schrift zu entfaltenden Weise die Antwort auf: Die neue Nähe des Reiches, von der Jesus spricht und deren Ausrufen das Unterscheidende seiner Botschaft ist – diese neue Nähe besteht in ihm selbst. Durch seine Gegenwart und sein Wirken ist Gott als Handelnder ganz neu jetzt und hier in die Geschichte hereingetreten. Darum ist jetzt erfüllte Zeit (Mk 1,15); darum ist jetzt auf einzigartige Weise Zeit der Umkehr und Buße wie auch Zeit der Freude, weil in Jesus Gott auf uns zugeht. In ihm ist Gott nun der Handelnde und Herrschende – herrschend auf göttliche Art, das heißt ohne weltliche Macht, herrschend durch die „bis ans Ende" (Joh 13,1), bis ans Kreuz gehende Liebe.

**Christus predigend (La Petite Tombe), Radierung und Kaltnadel auf Japanpapier (um 1652), 15,5 x 20,7 cm**

## M 4 Franz-Josef Nocke: Worin besteht das Reich Gottes?

Worin aber besteht das Reich Gottes, das Jesu verkündigt? Nirgends finden wir in den Worten Jesu so etwas wie eine inhaltliche Beschreibung oder gar eine Definition. Ist das ein unglücklicher Zufall? Liegt es an einem Versehen der Evangelisten? Oder könnte es auch an der „Sache" selbst liegen? Vielleicht ist das Reich Gottes zu umfassend und zu dynamisch, als dass es begrifflich abgegrenzt werden könnte, nicht ein fest umrissener Bereich, sondern ein Weg, der sich im Gehen verändert, ein Horizont, in den Jesus seine Jünger hineinführt und der sich, wenn man sich in ihm bewegt, ständig weitet. Vielleicht ist es eine Wirklichkeit, welche die daran Glaubenden so sehr mit einbezieht, dass sie nicht einfach „objektiv", von außen her, beschrieben werden kann, sondern immer nur erlebt, erfahren und so verstanden werden kann von denen, die sich darauf einlassen.

Jedenfalls hat Jesus denen, die zu ihm kamen, nicht das Reich Gottes „erklärt", sondern er hat sie aufgefordert, mit ihm zu gehen: „Folge mir nach!" (Vgl. zum Beispiel Mk 1,17; 2,14; 10,21.) Deshalb wird man über ihn, seine Taten und Worte reden müssen, wenn man etwas Inhaltliches über das Reich Gottes aussagen will. Im Verhalten Jesu ereignet sich die Herrschaft Gottes. So sagt er selbst nach der Heilung eines stummen, von einer dämonischen Macht beherrschten Menschen: „Wenn ich … die Dämonen durch die Finger Gottes austreibe, dann ist doch das Reich Gottes schon zu euch gekommen" (Lk 11,20). Man müsste also die Evangelien als ganze nacherzählen, wenn man zeigen wollte, was Reich Gottes ist. Wir wollen uns mit einigen Zusammenfassungen begnügen, in denen die Evangelisten selbst das Wirken Jesu zu konzentrieren versuchen.

Dazu gehört die Antwort Jesu auf die Anfrage der Jünger Johannes' des Täufers: „Geht und berichtet Johannes, was ihr hört und seht: Blinde sehen wieder, und Lahme gehen; Aussätzige werden rein, und Taube hören; Tote stehen auf, und den Armen wird das Evangelium verkündet" (Mt 11,4 f.; vgl. Lk 7,18–23). Menschen werden heil; der Tod wird überwunden; gerade die Kleinen haben eine Chance: sie hören die gute Nachricht, dass Gott ihnen nahe ist.

Lukas bietet eine programmatische Zusammenfassung in der Predigt Jesu in seiner Heimatstadt Nazaret: „Er hat mich gesandt, damit ich den Armen eine gute Nachricht bringe; damit ich den Gefangenen die Entlassung verkünde und den Blinden das Augenlicht; damit ich die Zerschlagenen in Freiheit setze und ein Gnadenjahr des Herrn ausrufe" (Lk 4,18 f.).

Zu den Inhalten des vorigen Textes kommt hier das Motiv der Befreiung: Jetzt ist das „Gnadenjahr" (das Jubeljahr der Freilassung, vgl. Lev 25,8–13), jetzt soll die Befreiung aus allen Ketten und allen verunmenschlichenden Abhängigkeiten geschehen.

In beiden Texten werden Hoffnungsbilder aus dem Jesajabuch zitiert (vgl. Jes 26,19; 29,18; 35,5 f.; 58,6; 61,1). In der mit Jesu angebrochenen Gottesherrschaft werden also alte prophetische Hoffnungsinhalte Wirklichkeit. Aber einige Akzentverschiebungen fallen auf. Die in den alten Verheißungen angesagte Bestrafung der heidnischen Völker kommt hier nicht vor; andererseits geht das Wirken Jesu über das hinaus, was man in den älteren Prophetien zu hoffen wagte: Heilung sogar vom Aussatz und Auferstehung der Toten.

Aufschlussreich ist auch die in Sammelberichten über die Tätigkeit Jesu öfter wiederholte Kopplung von Reich-Gottes-Predigt und Krankenheilung (vgl. Mt 4,23; 9,35). Entsprechend heißt es auch bei der Aussendung der Jünger: „Heilt die Kranken, die dort sind, und sagt den Leuten: Das Reich Gottes ist nahe" (Lk 10,9; vgl. Lk 9,2; Mt 10,7 f.). Heilwerden und andere heilen – das scheint ein wesentlicher Inhalt von „Reich Gottes" zu sein. […]

Reich Gottes meint:

- die Nähe Gottes selbst, und zwar eine den Menschen annehmende, vergebende und damit aufrichtende Nähe, Vergebung der Sünden;
- die Heilung und Befreiung des Menschen von allem, was ihn quält und was ihn hindert, Mensch zu sein: von Krankheiten, von verunmenschlichenden Mächten, von Mutlosigkeit, von der Unfähigkeit zur Kommunikation (Taubheit, Stummheit, Blindheit) und von der quälenden Sorge um das Morgen;
- ein neues Verhalten der Menschen zueinander: Ende allen ungerechten Umgangs mit anderen, Brüderlichkeit statt Herrschaft, Zusammenführung bislang Verfeindeter, Friede, der aus Versöhnung erwächst, kurz: Liebe als der Weg, auf dem die Verwandlung der Welt geschieht;
- Fülle des Lebens: Brot und Wein in Überfluss und für alle;
- Befreiung von der Herrschaft des Todes.

Ein klassisches Symbol für das Reich Gottes, von Jesus oft praktiziert und in seinen Gleichnissen als Bild für das Reich Gottes verwendet, ist das Festmahl, ein für seine Zeitgenossen leicht verständliches Bild: Reich Gottes bedeutet Freude, Gemeinschaft, Teilen, Sattwerden, Verbundenheit mit Gott.

**Gerrit van Honthorst, Festmahl mit Lautenspieler, 140 x 210 cm, Öl auf Leinwand**

# 2.2 „Das Reich Gottes ist wie ..." – Gleichnisse

### M1 Was ist ein Gleichnis?

Gleichnis, sprachl. Gestaltungsmittel, bei dem eine Vorstellung, ein Vorgang oder Zustand (Sachsphäre) zur Veranschaulichung und Intensivierung mit einem entsprechenden Sachverhalt aus einem anderen, meist sinnl.-konkreten Bereich (Bildsphäre) verglichen wird. Bild- und Sachsphäre sind i.A. durch Vergleichspartikel (*so ... wie*) ausdrückl. aufeinander bezogen, sie decken sich aber nicht wie in der Allegorie in möglichst vielen Einzelzügen, vielmehr konzentrieren sich die einander entsprechenden Züge beider Sphären in einem einzigen, für die Aussage wesentl. Vergleichsmoment, dem *tertium comparationis*, in dem die beiden Seiten sich berühren. Das G. ist vom bloßen Vergleich durch die breitere Ausgestaltung und eine gewisse Selbstständigkeit des Bildbereichs unterschieden, wird öfters auch gleichbedeutend mit Parabel verwendet; vielfach werden jedoch beide Begriffe in dem Sinne unterschieden, dass bei der Parabel die Sachseite nicht ausdrückl. genannt ist, sondern erschlossen werden muss (demnach setzt die Parabel das Bild *statt* der Sache, das G. setzt es *neben* sie). Die neutestamentl. Forschung spricht von G., wenn das Bild der allgemein vertrauten, unmittelbar zugängl. Wirklichkeit entstammt, von Parabel, wenn es einen erdichteten individuellen Einzelfall vorführt. – Bekannteste Beispiele sind die *homer. G.se*, die in ihrer breiten Ausgestaltung die betrachtende Haltung des Epikers zum Ausdruck bringen, und die *biblischen G.se*, die v.a. der Ermahnung, Belehrung und Argumentation dienen.

### M2 Sinn und Zweck der Gleichnisse (Mk 4,10–12)

**10** Als er mit seinen Begleitern und den Zwölf allein war, fragten sie ihn nach dem Sinn seiner Gleichnisse.
**11** Da sagte er zu ihnen: Euch ist das Geheimnis des Reiches Gottes anvertraut; denen aber, die draußen sind, wird alles in Gleichnissen gesagt; **12** denn sehen sollen sie, sehen, aber nicht erkennen; / hören sollen sie, hören, aber nicht verstehen, / damit sie sich nicht bekehren / und ihnen nicht vergeben wird.

### Anregungen zur Weiterarbeit

1. Fassen Sie die Informationen zur Textsorte „Gleichnis" M 1 in einer Definition zusammen.
2. Arbeiten Sie Sinn und Zweck der Gleichnisse, wie Jesus diese formuliert (M 2), heraus. Berücksichtigen Sie dabei auch Ihre Ergebnisse aus der Arbeit mit M 1.
3. Erläutern Sie, wie diese Rede Jesu zu erklären ist. Lesen Sie unterstützend M 3.

### M3 Hubertus Halbfas über die Gleichnisse Jesu

„Euch ist das Geheimnis des Reiches Gottes anvertraut; denen aber, die draußen sind, wird alles in Gleichnissen gesagt; denn sehen sollen sie, sehen, aber nicht erkennen, hören sollen sie, hören, aber nicht verstehen, es sei denn, sie bekehren sich und es würde ihnen vergeben" (Mk 4,11 f.). Stellt das nicht alles auf den Kopf? Gleichnisse sollen doch etwas verdeutlichen und nicht verhüllen. Als eine didaktische Form sind sie auf Verständigung angelegt und schaffen nur Missverständnis? Selbst die Jünger bleiben – trotz Zusatzbelehrung – dauerhaft in der Rolle eines systematischen Missverstehens, wie sie ihnen der Evangelist auferlegt. So gibt das Kapitel den Blick auf die authentische Gleichnislehre Jesu keineswegs frei [...].
Klarer wird die Textstruktur, wenn wir als ihre Hintergrundfolie Passagen aus der Jüdischen Bibel erkennen. Schon dort begegnet die Saat als Metapher für das Wort Gottes: „Denn wie der Regen und der Schnee vom Himmel fallen und nicht zu ihm zurückkehren, sondern die Erde tränken, so dass sie keimt und sprosst, Samen bringt für die Aussaat und Brot zur Nahrung, so ist es auch mit dem Wort, das meinen Mund verlässt: es kehrt nicht leer zu mir zurück, sondern bewirkt, was ich will, und erreicht all das, wozu ich es ausgesandt habe" (Jes 55,10 f.). Auch für sein Konzept des Nichtverstehens hat Markus – oder ein Vorarbeiter – auf Jesaja zurückgegriffen. Dort begegnet 6,9 f. als Wort Gottes: „Geh und sag diesem Volk: Hört nur, ihr versteht doch nichts. Seht nur hin, was erkennt ihr schon. Verstocke das Herz dieses Volkes, verstopf ihm die Ohren, verkleb ihm die Augen, damit es mit seinen Augen nicht sieht und mit seinen Ohren nicht hört, damit sein Herz nicht zur Einsicht kommt, sich nicht bekehrt und nicht geheilt wird." Hinter diesen Worten steht das in der Bibel mehrfach benannte Problem, dass ganz Israel oder ein Teil Israels sich dem Willen Gottes in der Geschichte verschloss (vgl. Dtn 29,1–3; Ps 95,10; Jer 5,21; Ez 12,2). Dabei werden die den geschichtlichen Vorgängen entspringenden Konsequenzen unmittelbar auf Gott zurückgeführt, so dass er es ist, der die Ohren verstopft und die Augen verklebt, obwohl die anklagenden Propheten ausschließlich schuldhaftes menschliches Verhalten kennenlernten. Demnach stellen diese Bibelzitate menschliches Fehlverhalten fest, das sie zugleich als Strafe deuten. Doch weder verursacht Gott die Stumpfheit der Menschen noch intendiert er sie. Der Gleichnistext reagiert also auf gemachte Erfahrung. Wenn V 12 sagt: „Sie sollen umherblicken und umherblicken – und doch nicht sehen, hören und hören – und doch nicht verstehen, es sei denn, sie wendeten sich um, und es würde ihnen nachgelassen", so ist dies in prophetischer Tradition die Formulierung einer Betroffenheit, mit der sich das Urteil Gottes verbindet. Bleibt zu fragen, wer damit gemeint ist. Da die Rede zweigeteilt ist und eine Volks- und eine Jüngerrede unterscheidet, doch letztlich auch die Jünger nicht verstehen und deswegen dem Sinn der Gleichnisse nachsuchen (V 10), lässt sich das Gleichniskapitel insgesamt als Jüngerrede verstehen, weil es den Anspruch an den wahren Jünger be-

schreibt: Jemand, der wirklich sehen, hören und verstehen kann, weil er durch „Umkehr“ dafür offen wurde.

### M 4 Das Gleichnis vom Sämann (Mk 4,1–9)

1 Ein andermal lehrte er wieder am Ufer des Sees und sehr viele Menschen versammelten sich um ihn. Er stieg deshalb in ein Boot auf dem See und setzte sich; die Leute aber standen am Ufer. 2 Und er sprach lange zu ihnen und lehrte sie in Form von Gleichnissen. Bei dieser Belehrung sagte er zu ihnen: 3 Hört! Ein Sämann ging aufs Feld, um zu säen. 4 Als er säte, fiel ein Teil der Körner auf den Weg und die Vögel kamen und fraßen sie. 5 Ein anderer Teil fiel auf felsigen Boden, wo es nur wenig Erde gab, und ging sofort auf, weil das Erdreich nicht tief war; 6 als aber die Sonne hochstieg, wurde die Saat versengt und verdorrte, weil sie keine Wurzeln hatte. 7 Wieder ein anderer Teil fiel in die Dornen und die Dornen wuchsen und erstickten die Saat und sie brachte keine Frucht. 8 Ein anderer Teil schließlich fiel auf guten Boden und brachte Frucht; die Saat ging auf und wuchs empor und trug dreißigfach, ja sechzigfach und hundertfach. 9 Und Jesus sprach: Wer Ohren hat zum Hören, der höre!

**Vincent van Gogh, Sämann bei untergehender Sonne, 1888, 73,5 x 93 cm, Öl auf Jute/Leinwand**

#### Anregungen zur Weiterarbeit

1. Geben Sie das Gleichnis vom Sämann M 4 pointiert inhaltlich wieder.
2. Analysieren Sie das Gleichnis bzgl. der Reich-Gottes-Botschaft. Schreiben Sie hierzu kurze Dialoge zwischen: Vögeln und Samenkörnern, felsigem Boden und Samenkörnern, Sonne und Samenkörnern, Dornen und Samenkörnern, gutem Boden und Samenkörnern.
3. Interpretieren Sie die Metaphorik des Gleichnisses hinsichtlich seiner Intention. Greifen Sie auf bereits Erarbeitetes zurück und lesen Sie vertiefend M 5.

### M 5 Deutung des Sämann-Gleichnisses (Mk 4,13–20)

13 Und er sagte zu ihnen: Wenn ihr schon dieses Gleichnis nicht versteht, wie wollt ihr dann all die anderen Gleichnisse verstehen?
14 Der Sämann sät das Wort. 15 Auf den Weg fällt das Wort bei denen, die es zwar hören, aber sofort kommt der Satan und nimmt das Wort weg, das in sie gesät wurde. 16 Ähnlich ist es bei den Menschen, bei denen das Wort auf felsigen Boden fällt: Sobald sie es hören, nehmen sie es freudig auf; 17 aber sie haben keine Wurzeln, sondern sind unbeständig, und wenn sie dann um des Wortes willen bedrängt oder verfolgt werden, kommen sie sofort zu Fall.
18 Bei anderen fällt das Wort in die Dornen: sie hören es zwar, 19 aber die Sorgen der Welt, der trügerische Reichtum und die Gier nach all den anderen Dingen machen sich breit und ersticken es und es bringt keine Frucht.
20 Auf guten Boden ist das Wort bei denen gesät, die es hören und aufnehmen und Frucht bringen, dreißigfach, ja sechzigfach und hundertfach.

### M 6 Das Gleichnis vom Senfkorn (Mt 13,31–32)

31 Er erzählte ihnen ein weiteres Gleichnis und sagte: Mit dem Himmelreich ist es wie mit einem Senfkorn, das ein Mann auf seinen Acker säte. 32 Es ist das kleinste von allen Samenkörnern; sobald es aber hochgewachsen ist, ist es größer als die anderen Gewächse und wird zu einem Baum, sodass die Vögel des Himmels kommen und in seinen Zweigen nisten.

#### Anregungen zur Weiterarbeit

1. Analysieren Sie die Metaphorik des Gleichnisses M 6.
2. Erläutern Sie, inwiefern das Gleichnis Charakteristika des Reiches Gottes verdeutlicht. Nennen Sie diese.

### M 7 Der barmherzige Samariter (Lk 10,25–37)

25 Da stand ein Gesetzeslehrer auf, und um Jesus auf die Probe zu stellen, fragte er ihn: Meister, was muss ich tun, um das ewige Leben zu gewinnen?
26 Jesus sagte zu ihm: Was steht im Gesetz? Was liest du dort?
27 Er antwortete: Du sollst den Herrn, deinen Gott, lieben mit ganzem Herzen und ganzer Seele, mit all deiner Kraft und all deinen Gedanken, und: Deinen Nächsten sollst du lieben wie dich selbst.
28 Jesus sagte zu ihm: Du hast richtig geantwortet. Handle danach und du wirst leben.
29 Der Gesetzeslehrer wollte seine Frage rechtfertigen und sagte zu Jesus: Und wer ist mein Nächster? 30 Darauf antwortete ihm Jesus: Ein Mann ging von Jerusalem nach Jericho hinab und wurde von Räubern überfallen. Sie plünderten ihn aus und schlugen ihn nieder; dann gingen sie weg und ließen ihn halb tot liegen.

31 Zufällig kam ein Priester denselben Weg herab; er sah ihn und ging weiter. 32 Auch ein Levit kam zu der Stelle; er sah ihn und ging weiter. 33 Dann kam ein Mann aus Samarien, der auf der Reise war. Als er ihn sah, hatte er Mitleid, 34 ging zu ihm hin, goss Öl und Wein auf seine Wunden und verband sie. Dann hob er ihn auf sein Reittier, brachte ihn zu einer Herberge und sorgte für ihn.
35 Am andern Morgen holte er zwei Denare hervor, gab sie dem Wirt und sagte: Sorge für ihn, und wenn du mehr für ihn brauchst, werde ich es dir bezahlen, wenn ich wiederkomme.
36 Was meinst du: Wer von diesen dreien hat sich als der Nächste dessen erwiesen, der von den Räubern überfallen wurde?
37 Der Gesetzeslehrer antwortete: Der, der barmherzig an ihm gehandelt hat. Da sagte Jesus zu ihm: Dann geh und handle genauso!

## Anregungen zur Weiterarbeit

1. Bestimmen Sie die Textsorte von M 7. Beziehen Sie sich dazu wiederum auf Ihre erarbeiteten Ergebnisse von M 1.
2. Analysieren Sie M 7 hinsichtlich seiner Botschaft, indem Sie ein Standbild bauen. Anregungen und Hilfestellung zur Durchführung der Methode bieten Ihnen die Methodenseiten. Lesen Sie vertiefend M 8.
3. Wenden Sie Ihre Ergebnisse an, indem Sie die Botschaft des Textes auf die heutige Zeit bzw. Ihren Alltag übertragen. Nehmen Sie als Anregung den Slogan auf dem T-Shirt. Überprüfen Sie zunächst, ob er zur Aussage des Gleichnisses vom Samariter passt und entwerfen Sie eigene Slogans, die die Reich-Gottes-Botschaft deutlich machen.

### M 8 Wer ist mein Nächster? – Erläuterungen zu Lk 10,25–37

Die konkrete Frage lautete, wer denn das sei: „der Nächste". Die gängige Antwort, die sich auch auf Schrifttexte stützen konnte, besagte, dass mit dem „Nächsten" der Volksgenosse gemeint sei. Das Volk bildete eine Solidargemeinschaft, in der alle füreinander Verantwortung trugen, in der jeder vom Ganzen gehalten wurde und jeder daher den anderen „wie sich selbst" als Teil jenes Ganzen ansehen sollte, das ihm den Raum seines Lebens zuwies. Waren also Fremde, einem anderen Volk zugehörige Menschen, keine „Nächsten"? Das stand wiederum gegen die Schrift, die gerade auch zur Liebe gegen die Fremden aufforderte im Gedenken daran, dass Israel in Ägypten selbst die Existenz als Fremdling gelebt hatte. Dennoch blieb umstritten, wo die Grenzen zu ziehen seien; im Allgemeinen wurde nur der im Volk mitlebende „Beisasse" als zur Solidargemeinschaft gehörig und so als „Nächster" angesehen. Auch andere Einschränkungen des Begriffs „Nächster" waren verbreitet; eine rabbinische Äußerung lehrte, dass man Häretiker, Denunzianten und Abtrünnige nicht als Nächste anzusehen brauchte […]. Als klar galt auch, dass die Samariter, die kurz zuvor, zwischen den Jahren 6 und 9, den Tempelplatz zu Jerusalem gerade in den Tagen des Pascha-Festes „durch Ausstreuen menschlicher Gebeine verunreinigt" hatten […], keine Nächsten waren.
Auf diese konkretisierte Frage antwortet Jesus nun mit dem Gleichnis von dem Mann, der auf dem Weg von Jerusalem nach Jericho unter die Räuber fiel und von ihnen am Straßenrand ausgeplündert und halbtot liegengelassen wurde. Das war eine durchaus realistische Geschichte, denn auf diesem Weg kamen derlei Überfälle regelmäßig vor. Ein Priester und ein Levit – Kenner des Gesetzes, die um die Heilsfrage wissen und ihr beruflich dienen – kommen vorbei und gehen vorüber. Sie müssen keineswegs besonders kaltherzige Menschen gewesen sein; vielleicht hatten sie selber Angst und versuchten, möglichst schnell in die Stadt zu kommen; vielleicht waren sie ungeschickt und wussten nicht, wie sie es anstellen sollten zu helfen – zumal es ohnedies danach aussah, als ob es da gar nichts mehr zu helfen gäbe. Nun kommt ein Samariter des Wegs – vermutlich ein Kaufmann, der diese Strecke öfter zu durchreisen hat und mit dem Wirt der nächsten Herberge offenbar bekannt ist; ein Samariter – jemand also, der nicht zur Solidargemeinschaft Israels gehört und in dem Überfallenen nicht seinen „Nächsten" zu erblicken braucht. […] Was wird er tun? Er fragt nicht nach dem Radius seiner Solidarverpflichtungen und auch nicht nach Verdiensten für das ewige Leben. Es geschieht etwas anderes: Das Herz wird ihm aufgerissen; das Evangelium gebraucht das Wort, das im Hebräischen ursprünglich auf den Mutterleib und die mütterliche Zuwendung verwiesen hatte. Es trifft ihn ins „Eingeweide", in seine Seele hinein, diesen Menschen so zu sehen. „Er wurde von Mitleid ergriffen", übersetzen wir heute, die ursprüngliche Vitalität des Textes abschwächend. Durch den Blitz des Erbarmens, der seine Seele trifft, wird er selbst nun zum Nächsten, über alle Fragen und Gefahren hinweg. Insofern ist hier die Frage verlagert: Es geht nicht mehr darum, welcher andere mir Nächster ist oder nicht. Es geht um mich selbst. Ich muss zum Nächsten werden, dann zahlt der andere für mich „wie ich selbst".

Hätte die Frage gelautet: Ist auch der Samariter mein Nächster?, so wäre in der gegebenen Lage die Antwort ziemlich deutlich Nein gewesen. Aber nun stellt Jesus die Sache auf den Kopf: Der Samariter, der Fremde, macht sich selbst zum Nächsten und zeigt mir, dass ich von innen her das Nächster-Sein erlernen muss und dass ich die Antwort schon in mir trage. Ich muss ein Liebender werden, einer, dessen Herz der Erschütterung durch die Not des anderen offensteht. Dann finde ich meinen Nächsten, oder besser: Dann werde ich von ihm gefunden.

## M9 Das Festmahl (Lk 14,15–24)

**15** Als einer der Gäste das hörte, sagte er zu Jesus: Selig, wer
im Reich Gottes am Mahl teilnehmen darf.
**16** Jesus sagte zu ihm: Ein Mann veranstaltete ein großes
Festmahl und lud viele dazu ein. **17** Als das Fest begin-
nen sollte, schickte er seinen Diener und ließ den Gästen,
die er eingeladen hatte, sagen: Kommt, es steht alles be-
reit! **18** Aber einer nach dem andern ließ sich entschuldi-
gen. Der erste ließ ihm sagen: Ich habe einen Acker gekauft
und muss jetzt gehen und ihn besichtigen. Bitte, entschul-
dige mich! **19** Ein anderer sagte: Ich habe fünf Ochsen-
gespanne gekauft und bin auf dem Weg, sie mir genauer
anzusehen. Bitte, entschuldige mich! **20** Wieder ein anderer
sagte: Ich habe geheiratet und kann deshalb nicht kommen.
**21** Der Diener kehrte zurück und berichtete alles seinem
Herrn. Da wurde der Herr zornig und sagte zu seinem Die-
ner: Geh schnell auf die Straßen und Gassen der Stadt und
hol die Armen und die Krüppel, die Blinden und die Lahmen
herbei. **22** Bald darauf meldete der Diener: Herr, dein Auf-
trag ist ausgeführt; aber es ist immer noch Platz.
**23** Da sagte der Herr zu dem Diener: Dann geh auf die Land-
straßen und vor die Stadt hinaus und nötige die Leute zu
kommen, damit mein Haus voll wird. **24** Das aber sage ich
euch: Keiner von denen, die eingeladen waren, wird an mei-
nem Mahl teilnehmen.

## M10 John Dominic Crossan: Offene Mahlgemeinschaft

Da ist also ein Mann, der ein Festmahl geben will (Mt 22,1–13; Lk 14,15–24; Thomasevangelium 64) und, da er erst sehr spät dazu einladen lässt, hören muss, dass an dem fraglichen Abend alle seine Freunde etwas anderes vorhaben und also, wie sie ihn bedauernd wissen lassen, seiner Einladung nicht folgen können. So ist nun das Mahl bereit und der Speisesaal leer. Der Gastgeber lässt seine Diener daher *jeden, den sie auf der Straße treffen,* an seine Tafel holen. Man vergegenwärtigt sich aber nun eine auf diese Weise zusammengeholte Tischgesellschaft, wie da in wahrlich bunter Reihe Männer und Frauen, Arme und Reiche, Sklaven und Freie miteinander und durcheinander zu Tische liegen, Pharisäer zwischen Zöllnern und Sündern.
[...] Was Jesu Gleichnis vorstellt und in Aussicht stellt, ist also eine offene Mahlgemeinschaft, bei der die Tischordnung nicht im Kleinen die große Gesellschaftsordnung mit ihren vertikalen Diskriminierungen und lateralen Trennungen widerspiegelt. Die soziale Herausforderung einer solchen egalitären Tischgemeinschaft ist das eigentlich Bedrohliche dieses Gleichnisses. Es ist natürlich nur ein Gleichnis, eine Erzählung, die sehr wirksam die Erschütterung der Gesellschaftsordnung im kleinen Rahmen, eben bei Tisch, denkbar macht. Und da Jesus überdies praktizierte, was er mit diesem Gleichnis predigte, beschimpfte man ihn als Fresser und Säufer, als Freund von Sündern und Zöllnern. Denn weigerte er sich nicht, Unterschiede gelten zu lassen, wie es sich gehörte? Da an seinem Tisch auch Frauen saßen, sogar unverheiratete, hieß es, er esse mit Huren, denn mit Vorliebe klassifizierte man so alle Frauen, die nicht, wie es sich gehörte, unmittelbar männlicher Kontrolle unterlagen. [...]
Das Reich Gottes als ein Prozess offener Tischgemeinschaft, als jedem zugängliche Mahlgemeinschaft und somit als Muster einer nicht diskriminierenden Gesellschaft negierte die Grundlagen der antiken mediterranen Gesellschaft, in der Begriffe wie Ehre und Schande absolute Geltung hatten. [...] Wenn wir es uns, aus sicherer Entfernung heute [...] leisten können, Jesus als Gastgeber amüsant, exzentrisch oder bezaubernd unkonventionell zu finden, musste doch denen, die die eigene Identität nur in den Augen von Ihresgleichen zu finden wussten, die Zumutung, sich bei Tisch und im Leben mit jedem Hergelaufenen gemein zu machen und dabei von allen Unterschieden des Standes, Ranges und Geschlechts abzusehen, notwendig fast unvernünftig und absurd erscheinen. Derjenige, der ihnen dergleichen zumutete, aber stand in den Augen dieser Leute fast unvermeidlich als Asozialer und Perverser da, denn es war klar, dass wer die Schande nicht fürchtete, keine Ehre im Leibe hatte. [...]
Der radikale Egalitarismus des Gottesreichs, von dem Jesus sprach, ist erschreckender als alles, was wir uns vorgestellt haben, und selbst wenn wir es nie annehmen können, sollten wir doch nie versuchen, es wegzuerklären und als etwas anderes, als es ist, auszugeben.

## M11 Edward Schillebeeckx: Jesus selbst ist ein Gleichnis

Jesus selbst: seine Person, seine Geschichten und seine Taten, ist ein Gleichnis. [...] Das Markusevangelium hat dies scharf gesehen. In 2,1–3,5 bringt es fünf schockierende Geschichten hintereinander, verstreute Handlungen Jesu, durch die die Umstehenden gezwungen werden, Jesus gegenüber Stellung zu beziehen: die Heilung eines Lahmen, dem er die Sünde vergibt (2,1–12) –, ein Essen Jesu bei einem Zöllner, also bei jemandem, der Geld und Steuer für die Römer eintreibt (2,13–17) –, Jesu Verteidigung seiner Jünger, die nicht fasten, wenn Jesus bei ihnen ist (2,18–22) –, Jesus begründet das Verhalten seiner Jünger, die ausgerechnet während der Sabbat-Ruhe Ähren pflücken (2,23–28) –, und schließlich, in einer Steigerung, Jesus selbst heilt am Sabbat die verdorrte Hand eines hoffnungslos kranken Mannes (3,1–5). Die Reaktion der führenden Juden folgt sofort: „Die Pharisäer gingen hinaus und fassten zusammen mit den Anhängern des Herodes den Beschluss, *Jesus umzubringen*" (3,6; siehe auch den Kontext von Mt 12,14 und Joh 5,18).
Im Sorgen um den Menschen und seine Leidensgeschichte, um Zöllner und Sünder, um Arme, Lahme und Blinde, um entrechtete und durch „böse Geister" sich selbst entfremdete Menschen ist Jesus ein lebendiges Gottesgleichnis: So kümmert sich Gott um den Menschen. In der Geschichte

Jesu wird die Geschichte Gottes erzählt. Es ist Gott selbst, der uns in der Lebensgeschichte Jesu eine neue Welt erschließt, eine andere Wirklichkeitserfahrung und eine andere Lebenspraxis: So lautet die neutestamentliche Geschichte *über* Jesus als Antwort der ersten Christen auf die Geschichte *von* Jesus selbst.

### Anregungen zur Weiterarbeit

1. Fassen Sie das Gleichnis M 9 inhaltlich zusammen.
2. Arbeiten Sie seine Aussageabsicht heraus, indem Sie aus der Sicht des Gastgebers einen inneren Monolog verfassen, sodass deutlich wird, welche Gründe er für sein Handeln und für seine Worte in Vers 24 hat. Lesen Sie vertiefend M 10 .
3. Gestalten Sie ein Stimmungsbild zur hier deutlich werdenden Reich-Gottes-Botschaft. In einem Stimmungsbild werden nicht die Inhalte eines Textes etc. umgesetzt, sondern die Atmosphäre. Arbeiten Sie mit passenden Farben, Symbolen etc.
4. Präsentieren Sie sich Ihre Ergebnisse im Plenum und vergleichen Sie Ihre Eindrücke mit der Definition zum Reich Gottes, die Sie in Kapitel 2.1 versucht haben.
5. Erläutern Sie anhand von M 11 , inwiefern Jesus als Gleichnis gelten kann.
6. Belegen Sie anhand von Beispielen, wie Jesu Handeln und Wirken die Charakteristika des Reiches Gottes deutlich werden lässt.

## M 12 Annette Bartusch-Goger: Gemeinschaft weltweit

**Annette Bartusch-Goger, Gemeinschaft weltweit, 1999, 40 x 30 cm, Acryl**

### Anregungen zur Weiterarbeit

1. Beschreiben Sie das Bild von Annette Bartusch-Goger und interpretieren Sie es im Hinblick auf seinen Titel „Gemeinschaft weltweit“.
2. Setzen Sie die Darstellung in Beziehung zum Wesen des Reiches Gottes bzw. zur Reich-Gottes-Botschaft.
3. Gestalten Sie auf der Grundlage Ihrer Arbeitsergebnisse zu den Gleichnissen eine eigene Darstellung des Reiches Gottes, wie es in den Gleichnissen Jesu deutlich wird.

## 2.3 „Dann begann er zu reden und lehrte sie“ – Die Bergpredigt

### M1 Die Bergpredigt (Mt 5–7)

5 1 Als Jesus die vielen Menschen sah, stieg er auf einen
Berg. Er setzte sich, und seine Jünger traten zu ihm.
2 Dann begann er zu reden und lehrte sie.
3 Er sagte: Selig, die arm sind vor Gott; / denn ihnen gehört
das Himmelreich.
4 Selig die Trauernden; / denn sie werden getröstet werden.
5 Selig, die keine Gewalt anwenden; / denn sie werden das
Land erben.
6 Selig, die hungern und dürsten nach der Gerechtigkeit; /
denn sie werden satt werden.
7 Selig die Barmherzigen; / denn sie werden Erbarmen fin-
den.
8 Selig, die ein reines Herz haben; / denn sie werden Gott
schauen.
9 Selig, die Frieden stiften; / denn sie werden Söhne Gottes
genannt werden.
10 Selig, die um der Gerechtigkeit willen verfolgt werden; /
denn ihnen gehört das Himmelreich.
11 Selig seid ihr, wenn ihr um meinetwillen beschimpft und
verfolgt und auf alle mögliche Weise verleumdet werdet.
12 Freut euch und jubelt: Euer Lohn im Himmel wird groß
sein. Denn so wurden schon vor euch die Propheten verfolgt.
13 Ihr seid das Salz der Erde. Wenn das Salz seinen Ge-
schmack verliert, womit kann man es wieder salzig machen?
Es taugt zu nichts mehr; es wird weggeworfen und von den
Leuten zertreten.
14 Ihr seid das Licht der Welt. Eine Stadt, die auf einem Berg
liegt, kann nicht verborgen bleiben. 15 Man zündet auch
nicht ein Licht an und stülpt ein Gefäß darüber, sondern
man stellt es auf den Leuchter; dann leuchtet es allen im
Haus. 16 So soll euer Licht vor den Menschen leuchten, da-
mit sie eure guten Werke sehen und euren Vater im Himmel
preisen.
17 Denkt nicht, ich sei gekommen, um das Gesetz und die
Propheten aufzuheben. Ich bin nicht gekommen, um aufzu-
heben, sondern um zu erfüllen.
18 Amen, das sage ich euch: Bis Himmel und Erde vergehen,
wird auch nicht der kleinste Buchstabe des Gesetzes verge-
hen, bevor nicht alles geschehen ist.
19 Wer auch nur eines von den kleinsten Geboten aufhebt
und die Menschen entsprechend lehrt, der wird im Himmel-
reich der Kleinste sein. Wer sie aber hält und halten lehrt,
der wird groß sein im Himmelreich.
20 Darum sage ich euch: Wenn eure Gerechtigkeit nicht weit
größer ist als die der Schriftgelehrten und der Pharisäer,
werdet ihr nicht in das Himmelreich kommen.
21 Ihr habt gehört, dass zu den Alten gesagt worden ist: Du
sollst nicht töten; wer aber jemand tötet, soll dem Gericht
verfallen sein.
22 Ich aber sage euch: Jeder, der seinem Bruder auch nur
zürnt, soll dem Gericht verfallen sein; und wer zu seinem
Bruder sagt: Du Dummkopf!, soll dem Spruch des Hohen Ra-
tes verfallen sein; wer aber zu ihm sagt: Du (gottloser) Narr!,
soll dem Feuer der Hölle verfallen sein.
23 Wenn du deine Opfergabe zum Altar bringst und dir da-
bei einfällt, dass dein Bruder etwas gegen dich hat, 24 so
lass deine Gabe dort vor dem Altar liegen; geh und versöhne
dich zuerst mit deinem Bruder, dann komm und opfere dei-
ne Gabe.
25 Schließ ohne Zögern Frieden mit deinem Gegner, solange
du mit ihm noch auf dem Weg zum Gericht bist. Sonst wird
dich dein Gegner vor den Richter bringen und der Richter
wird dich dem Gerichtsdiener übergeben und du wirst ins
Gefängnis geworfen.
26 Amen, das sage ich dir: Du kommst von dort nicht heraus,
bis du den letzten Pfennig bezahlt hast.
27 Ihr habt gehört, dass gesagt worden ist: Du sollst nicht
die Ehe brechen.
28 Ich aber sage euch: Wer eine Frau auch nur lüstern an-
sieht, hat in seinem Herzen schon Ehebruch mit ihr began-
gen.
29 Wenn dich dein rechtes Auge zum Bösen verführt, dann
reiß es aus und wirf es weg! Denn es ist besser für dich, dass
eines deiner Glieder verloren geht, als dass dein ganzer Leib
in die Hölle geworfen wird.
30 Und wenn dich deine rechte Hand zum Bösen verführt,
dann hau sie ab und wirf sie weg! Denn es ist besser für
dich, dass eines deiner Glieder verloren geht, als dass dein
ganzer Leib in die Hölle kommt.
31 Ferner ist gesagt worden: Wer seine Frau aus der Ehe
entlässt, muss ihr eine Scheidungsurkunde geben.
32 Ich aber sage euch: Wer seine Frau entlässt, obwohl kein
Fall von Unzucht vorliegt, liefert sie dem Ehebruch aus; und
wer eine Frau heiratet, die aus der Ehe entlassen worden ist,
begeht Ehebruch.
33 Ihr habt gehört, dass zu den Alten gesagt worden ist: Du
sollst keinen Meineid schwören, und: Du sollst halten, was
du dem Herrn geschworen hast.
34 Ich aber sage euch: Schwört überhaupt nicht, weder
beim Himmel, denn er ist Gottes Thron, 35 noch bei der
Erde, denn sie ist der Schemel für seine Füße, noch bei Jeru-
salem, denn es ist die Stadt des großen Königs.
36 Auch bei deinem Haupt sollst du nicht schwören; denn
du kannst kein einziges Haar weiß oder schwarz machen.
37 Euer Ja sei ein Ja, euer Nein ein Nein; alles andere
stammt vom Bösen.
38 Ihr habt gehört, dass gesagt worden ist: Auge für Auge
und Zahn für Zahn.
39 Ich aber sage euch: Leistet dem, der euch etwas Böses
antut, keinen Widerstand, sondern wenn dich einer auf die
rechte Wange schlägt, dann halt ihm auch die andere hin.
40 Und wenn dich einer vor Gericht bringen will, um dir das
Hemd wegzunehmen, dann lass ihm auch den Mantel.
41 Und wenn dich einer zwingen will, eine Meile mit ihm zu
gehen, dann geh zwei mit ihm.
42 Wer dich bittet, dem gib, und wer von dir borgen will, den
weise nicht ab.

43 Ihr habt gehört, dass gesagt worden ist: Du sollst deinen
Nächsten lieben und deinen Feind hassen.
44 Ich aber sage euch: Liebt eure Feinde und betet für die,
die euch verfolgen, 45 damit ihr Söhne eures Vaters im
Himmel werdet; denn er lässt seine Sonne aufgehen über
Bösen und Guten, und er lässt regnen über Gerechte und
Ungerechte.
46 Wenn ihr nämlich nur die liebt, die euch lieben, welchen
Lohn könnt ihr dafür erwarten? Tun das nicht auch die Zöll-
ner?
47 Und wenn ihr nur eure Brüder grüßt, was tut ihr damit
Besonderes? Tun das nicht auch die Heiden?
48 Ihr sollt also vollkommen sein, wie es auch euer himmli-
scher Vater ist.

6 1 Hütet euch, eure Gerechtigkeit vor den Menschen zur
Schau zu stellen; sonst habt ihr keinen Lohn von eurem Va-
ter im Himmel zu erwarten.
2 Wenn du Almosen gibst, lass es also nicht vor dir herpo-
saunen, wie es die Heuchler in den Synagogen und auf den
Gassen tun, um von den Leuten gelobt zu werden. Amen,
das sage ich euch: Sie haben ihren Lohn bereits erhalten.
3 Wenn du Almosen gibst, soll deine linke Hand nicht wis-
sen, was deine rechte tut. 4 Dein Almosen soll verborgen
bleiben und dein Vater, der auch das Verborgene sieht, wird
es dir vergelten.
5 Wenn ihr betet, macht es nicht wie die Heuchler. Sie stel-
len sich beim Gebet gern in die Synagogen und an die Stra-
ßenecken, damit sie von den Leuten gesehen werden. Amen,
das sage ich euch: Sie haben ihren Lohn bereits erhalten.
6 Du aber geh in deine Kammer, wenn du betest, und schließ
die Tür zu; dann bete zu deinem Vater, der im Verborgenen
ist. Dein Vater, der auch das Verborgene sieht, wird es dir
vergelten.
7 Wenn ihr betet, sollt ihr nicht plappern wie die Heiden,
die meinen, sie werden nur erhört, wenn sie viele Worte ma-
chen.
8 Macht es nicht wie sie; denn euer Vater weiß, was ihr
braucht, noch ehe ihr ihn bittet.
9 So sollt ihr beten: Unser Vater im Himmel, /
dein Name werde geheiligt,
10 dein Reich komme, /
dein Wille geschehe / wie im Himmel, so auf der Erde.
11 Gib uns heute das Brot, das wir brauchen.
12 Und erlass uns unsere Schulden, /
wie auch wir sie unseren Schuldnern erlassen haben.
13 Und führe uns nicht in Versuchung, /
sondern rette uns vor dem Bösen.
14 Denn wenn ihr den Menschen ihre Verfehlungen vergebt,
dann wird euer himmlischer Vater auch euch vergeben.
15 Wenn ihr aber den Menschen nicht vergebt, dann wird
euch euer Vater eure Verfehlungen auch nicht vergeben.
16 Wenn ihr fastet, macht kein finsteres Gesicht wie die
Heuchler. Sie geben sich ein trübseliges Aussehen, damit die
Leute merken, dass sie fasten. Amen, das sage ich euch: Sie
haben ihren Lohn bereits erhalten.
17 Du aber salbe dein Haar, wenn du fastest, und wasche
dein Gesicht, 18 damit die Leute nicht merken, dass du fas-
test, sondern nur dein Vater, der auch das Verborgene sieht;
und dein Vater, der das Verborgene sieht, wird es dir vergel-
ten.
19 Sammelt euch nicht Schätze hier auf der Erde, wo Motte
und Wurm sie zerstören und wo Diebe einbrechen und sie
stehlen, 20 sondern sammelt euch Schätze im Himmel, wo
weder Motte noch Wurm sie zerstören und keine Diebe ein-
brechen und sie stehlen.
21 Denn wo dein Schatz ist, da ist auch dein Herz.
22 Das Auge gibt dem Körper Licht. Wenn dein Auge gesund
ist, dann wird dein ganzer Körper hell sein.
23 Wenn aber dein Auge krank ist, dann wird dein ganzer
Körper finster sein. Wenn nun das Licht in dir Finsternis ist,
wie groß muss dann die Finsternis sein!
24 Niemand kann zwei Herren dienen; er wird entweder den
einen hassen und den andern lieben oder er wird zu dem
einen halten und den andern verachten. Ihr könnt nicht bei-
den dienen, Gott und dem Mammon.
25 Deswegen sage ich euch: Sorgt euch nicht um euer
Leben und darum, dass ihr etwas zu essen habt, noch um
euren Leib und darum, dass ihr etwas anzuziehen habt.
Ist nicht das Leben wichtiger als die Nahrung und der Leib
wichtiger als die Kleidung?
26 Seht euch die Vögel des Himmels an: Sie säen nicht, sie
ernten nicht und sammeln keine Vorräte in Scheunen; euer
himmlischer Vater ernährt sie. Seid ihr nicht viel mehr wert
als sie?
27 Wer von euch kann mit all seiner Sorge sein Leben auch
nur um eine kleine Zeitspanne verlängern?
28 Und was sorgt ihr euch um eure Kleidung? Lernt von den
Lilien, die auf dem Feld wachsen: Sie arbeiten nicht und
spinnen nicht.
29 Doch ich sage euch: Selbst Salomo war in all seiner
Pracht nicht gekleidet wie eine von ihnen.
30 Wenn aber Gott schon das Gras so prächtig kleidet, das
heute auf dem Feld steht und morgen ins Feuer geworfen
wird, wie viel mehr dann euch, ihr Kleingläubigen!
31 Macht euch also keine Sorgen und fragt nicht: Was sollen
wir essen? Was sollen wir trinken? Was sollen wir anziehen?
32 Denn um all das geht es den Heiden. Euer himmlischer
Vater weiß, dass ihr das alles braucht.
33 Euch aber muss es zuerst um sein Reich und um seine
Gerechtigkeit gehen; dann wird euch alles andere dazuge-
geben.
34 Sorgt euch also nicht um morgen; denn der morgige Tag
wird für sich selbst sorgen. Jeder Tag hat genug eigene Pla-
ge.

7 1 Richtet nicht, damit ihr nicht gerichtet werdet!
2 Denn wie ihr richtet, so werdet ihr gerichtet werden, und
nach dem Maß, mit dem ihr messt und zuteilt, wird euch
zugeteilt werden.
3 Warum siehst du den Splitter im Auge deines Bruders,
aber den Balken in deinem Auge bemerkst du nicht?
4 Wie kannst du zu deinem Bruder sagen: Lass mich den
Splitter aus deinem Auge herausziehen! – und dabei steckt
in deinem Auge ein Balken?
5 Du Heuchler! Zieh zuerst den Balken aus deinem Auge,
dann kannst du versuchen, den Splitter aus dem Auge dei-
nes Bruders herauszuziehen.

6 Gebt das Heilige nicht den Hunden und werft eure Perlen
nicht den Schweinen vor, denn sie könnten sie mit ihren
Füßen zertreten und sich umwenden und euch zerreißen.
7 Bittet, dann wird euch gegeben; sucht, dann werdet ihr
finden; klopft an, dann wird euch geöffnet.
8 Denn wer bittet, der empfängt; wer sucht, der findet; und
wer anklopft, dem wird geöffnet.
9 Oder ist einer unter euch, der seinem Sohn einen Stein
gibt, wenn er um Brot bittet, 10 oder eine Schlange, wenn
er um einen Fisch bittet?
11 Wenn nun schon ihr, die ihr böse seid, euren Kindern gebt,
was gut ist, wie viel mehr wird euer Vater im Himmel denen
Gutes geben, die ihn bitten.
12 Alles, was ihr also von anderen erwartet, das tut auch
ihnen! Darin besteht das Gesetz und die Propheten.
13 Geht durch das enge Tor! Denn das Tor ist weit, das ins
Verderben führt, und der Weg dahin ist breit und viele gehen
auf ihm.
14 Aber das Tor, das zum Leben führt, ist eng und der Weg
dahin ist schmal und nur wenige finden ihn.
15 Hütet euch vor den falschen Propheten; sie kommen zu
euch wie (harmlose) Schafe, in Wirklichkeit aber sind sie
reißende Wölfe.
16 An ihren Früchten werdet ihr sie erkennen. Erntet man
etwa von Dornen Trauben oder von Disteln Feigen?
17 Jeder gute Baum bringt gute Früchte hervor, ein schlech-
ter Baum aber schlechte.
18 Ein guter Baum kann keine schlechten Früchte hervor-
bringen und ein schlechter Baum keine guten.
19 Jeder Baum, der keine guten Früchte hervorbringt, wird
umgehauen und ins Feuer geworfen.
20 An ihren Früchten also werdet ihr sie erkennen.
21 Nicht jeder, der zu mir sagt: Herr! Herr!, wird in das Him-
melreich kommen, sondern nur, wer den Willen meines Va-
ters im Himmel erfüllt.
22 Viele werden an jenem Tag zu mir sagen: Herr, Herr, sind
wir nicht in deinem Namen als Propheten aufgetreten und
haben wir nicht mit deinem Namen Dämonen ausgetrieben
und mit deinem Namen viele Wunder vollbracht?
23 Dann werde ich ihnen antworten: Ich kenne euch nicht.
Weg von mir, ihr Übertreter des Gesetzes!
24 Wer diese meine Worte hört und danach handelt, ist wie
ein kluger Mann, der sein Haus auf Fels baute.
25 Als nun ein Wolkenbruch kam und die Wassermassen
heranfluteten, als die Stürme tobten und an dem Haus rüt-
telten, da stürzte es nicht ein; denn es war auf Fels gebaut.
26 Wer aber meine Worte hört und nicht danach handelt, ist
wie ein unvernünftiger Mann, der sein Haus auf Sand baute.
27 Als nun ein Wolkenbruch kam und die Wassermassen
heranfluteten, als die Stürme tobten und an dem Haus rüt-
telten, da stürzte es ein und wurde völlig zerstört.
28 Als Jesus diese Rede beendet hatte, war die Menge sehr
betroffen von seiner Lehre; 29 denn er lehrte sie wie einer,
der (göttliche) Vollmacht hat, und nicht wie ihre Schriftge-
lehrten.

## Anregungen zur Weiterarbeit

1. Fassen Sie die Inhalte der Bergpredigt **M 1** zusammen, indem Sie einen (zeitgenössischen) Zeitungsartikel über diese Predigt Jesu am Berg schreiben.
2. Vergleichen Sie Ihre Zeitungsartikel in Kleingruppen und erstellen Sie anschließend eine inhaltliche Gliederung der Bergpredigt.
3. Nehmen Sie aus verschiedenen Perspektiven Stellung zu den Inhalten der Bergpredigt:
   a. aus der Sicht eines Reichen, Erfolgreichen etc.,
   b. aus der Sicht eines Armen, Benachteiligten, Kranken etc.,
   c. aus der Sicht Jesu,
   d. aus Ihrer persönlichen Sicht.
4. Erläutern Sie, welche Intention Jesus mit der Bergpredigt verfolgt und wie sie die Botschaft vom Reich Gottes verdeutlicht. Lesen Sie hierzu vertiefend **M 2**.
5. Begründen Sie, ob und/oder inwiefern Sie die Inhalte der Bergpredigt als Vorlage für die heutige Gesellschaft bzw. eine Gesellschaft der Zukunft geeignet halten. Beziehen Sie wiederum **M 2** mit in Ihre Überlegungen ein.

### M 2 Klaus Berger: Worum es der Bergpredigt geht

Sozialdemokratische wie christsoziale Politiker berufen sich gerne auf die „Bergpredigt" Jesu, wie sie der Evangelist Matthäus (Kap. 5–7) überliefert. Sie sehen darin ein ethisches Fundament, eine Art Generallinie im Einsatz für die Opfer und Schwächeren in unserer Gesellschaft, die im Überlebenskampf der Systeme nicht unter die Räder kommen sollen. In der Tat preist Jesus die Gewaltlosen, die Barmherzigen, die Friedfertigen. Aber das ist nicht die ganze Bergpredigt. Wer sich allein auf diese Perspektive einlässt und meint, über das verbale Bekenntnis zur „Bergpredigt" sei eine Utopie einer Gesellschaft angesprochen, in der auch Platz für die Marginalisierten geschaffen würde, hat sie nie gelesen.

In der Bergpredigt geht es zentral um etwas scheinbar Abseitiges, um den „Schatz im Himmel" (Mt 6,19–21), den es zu gewinnen gilt, den „Schatz", der eine Umwertung aller Werte erfordert und gewissermaßen in einem bedeutenden Nebeneffekt der Hinwendung zu Gott eine andere Gesellschaft erschafft. Die atheistische Beschwörung der Bergpredigt ist ein Unding. Der absolute Wert – der Schatz – ist für Matthäus die Anerkennung der Herrschaft Gottes und die bedingungslose Unterwerfung des Menschen unter sie. Die Alternative wäre: keine Zukunft und keinen Schatz im Himmel haben. Am Ende geht es um ein „Ewiges Leben" nach dem individuellen Tod und dem Tod der Welt.

Gott – nicht der Mensch – steht im Zentrum der Bergpredigt. Und nach Jesus gibt es eine eigene Logik des Handelns angesichts der Herrschaft Gottes: Wer so handelt, wie es

angesichts der absoluten Priorität Gottes angebracht ist, der hat einen Schatz im Himmel, einen Überschuss, einen nicht abgegoltenen Lohn. Die Bergpredigt verkündigt keine Leistungsethik, wonach soziales Engagement und das Vollbringen heroischer Werke in sich und für sich gut, ja gewissermaßen der wahre Jesuanismus wären. In erster Linie geht es *nicht* um die Werke; ja wer schon auf Erden für seine Werke Ansehen genossen hat, der wird hier vor den Kopf gestoßen: Er hat nichts mehr zu erwarten. Die Seligpreisungen installieren eine Anschauung, nach der es ein hoher Wert ist, durch sein Verhalten oder Leiden (es geht nicht nur um die „Täter"!) jetzt in einen neuen, heilvollen Zusammenhang von Tun und Ergehen einzutreten, also in eine *Verheißung*.
Gott ist das/der Wichtigste – und dazu passt es, sich von den religiösen und rechtlichen Normen ganz erfassen zu lassen (Prinzip „aus ganzen Herzen"). Nichts Halbes gilt. Bisher haben jüdische Lehrer sich mit Kompromissen begnügt. Die reichen aber nicht, wenn es um das Himmelreich geht – darum, Gott selbst in die Augen sehen zu dürfen. Gefordert ist beispielsweise Gerechtigkeit: Das bedeutet, durch Erfüllen des Willens Gottes einen Beitrag zu leisten, um zu seinen Auserwählten zu gehören. Gerechtsein bedeutet hier: die Konvivenz, das Zusammenleben (mit Gott und Menschen) aktiv zu fördern. Wer mit Gott und den Gerechten zusammenleben will, muss sich den strengen Regeln dieses Zusammenlebens unterwerfen. Diese bestehen in einer radikal ausgelegten Thora – keine Abstriche an den Geboten. Weil Gott auch seinerseits gerecht ist, wird er jedenfalls für alles ungerechtfertigte Leiden einen Ausgleich schaffen (verteilende Gerechtigkeit). Zudem muss aber, weil Gott so radikal barmherzig und gerecht ist, jeder selbst gerecht sein. Sonst vollzieht Gott das Gericht nach der Talio (Regeln des gleichen Maßes: Nicht richten, damit man nicht gerichtet wird). Wir können daraus eine Regel ableiten: Wenn Gott (das/der Wichtigste) im Zentrum der Anstrengung steht, regelt sich das Zweitwichtigste (Gerechtigkeit unter den Menschen) wie von selbst.
Vor den letzten Wert, nämlich Gott in seiner Liebe und Vollkommenheit zu entsprechen, ist eine Reihe von zweitwichtigsten („vorletzten") Zwischenwerten gelagert.
Diese Werte sind:

- Eine Reinheit und Heiligkeit, die die der Pharisäer übersteigt. Dabei war es doch schon das erklärte Ziel der Pharisäer, überall im Alltag Gottes Willen zu befolgen. Jesus fordert mehr: den ganzen Menschen, sein Herz.
- Eine Abgrenzung und Unterscheidung von anderen (Gottlosen, Zöllnern, rein irdisch Orientierten).
- Eine Radikalität und Totalität: Kein menschlicher Bereich darf ausgenommen werden aus der Beziehung zwischen Gott und Mensch.
- Nur das Gerechtsein gilt, das von Herzen kommt.
- Das Erkennungszeichen „Freude" als präsentisches charismatisches Element (siehe: Mt 5,11 f.).
- Eine Leidensbereitschaft, die bis zum Martyrium geht.
- Eine Ähnlichkeit mit Gott bei der Feindesliebe (dieses ist freilich nur eine Variation der Zugehörigkeit zur Herrschaft Gottes).

Wo diese Zwischenwerte aufscheinen, wo sie gelebt werden, da ereignet sich die neue Wirklichkeit, die mit Jesus angebrochen ist. Matthäus bedient nicht das, was heute theoretisch wünschbar wäre. Aufgrund des ausgeprägten Lohngedankens liegt dem Jesus der Bergpredigt jeder Gedanke an Altruismus fern. Die Bergpredigt enthält keine Barmherzigkeitsethik, sondern eine am Überleben orientierte Ethik der Herrschaft Gottes. Überleben heißt: Durch das Handeln auf Erden genug Schätze im Himmel und himmlischen Lohn, also noch ausstehende Vergeltung ansammeln, so dass die Gerechtigkeit es erfordert, dass man in den Himmel kommt. Prägend ist der Gedanke der Gerechtigkeit und des absoluten Vorrechts und Beispiels Gottes. Die Seligpreisungen und Antithesen sind jeweils Beispiele für Grundsätze. Die Bergpredigt sagt: Wer vollkommen sein will, der strebe eine „Ähnlichkeit" mit Gott an.
Damit sind wir auf eine wichtige Grundlinie gestoßen: Überall im Neuen Testament geht es um die Ähnlichkeit mit Gott. Bei Paulus und im Vierten Evangelium heißt das „Gotteskindschaft". Bei Paulus wird die durch den Heiligen Geist erlangt, im Johannesevangelium durch das Neugeborenwerden aus Wasser und Geist, also ebenfalls wesentlich durch Gottes Geist. In der Bergpredigt durch Gewaltverzicht und Nachahmung von Gottes gütigem, verzeihendem Handeln. Auch bei Paulus und Johannes sind Sanftmut und Güte erstrangige „Früchte" des Heiligen Geistes. Matthäus ist daher im Unterschied zu Paulus und Johannes streng genommen ergebnisorientiert. Paulus und Johannes dagegen betonen die von Gott geschenkte neue Gabe, die dazu die Kraft gibt.

## M3 Die Seligpreisungen – eine Einführung

a) [Die Seligpreisungen] reihen sich zunächst in eine lange Tradition alttestamentlicher Botschaften ein, wie wir sie zum Beispiel im Psalm 1 und im Paralleltext Jer 17,7 f finden: „Selig der Mann, der auf den Herrn vertraut …". Es sind Verheißungsworte, die zugleich zur Unterscheidung der Geister dienen und so zu Wegweisungen werden. Die Rahmung, die Lukas der Bergpredigt gibt, verdeutlicht die besondere Richtung der Seligpreisungen Jesu: „Er richtete seine Augen auf seine Jünger …". Die einzelnen Glieder der Seligpreisungen ergeben sich aus dem Blick auf die Jünger; sie beschreiben sozusagen den Ist-Zustand der Jünger Jesu: Sie sind Arme, Hungernde, Weinende, gehasst und verfolgt (Lk 6,20 ff). Es sind praktische, aber auch theologische Qualifikationen der Jünger gemeint – derer, die in die Nachfolge Jesu getreten und seine Familie geworden sind.
Aber die bedrohliche empirische Situation, in der Jesus die Seinen sieht, wird zur Verheißung, wenn der Blick auf sie vom Vater her erleuchtet wird. Im Blick auf die Jüngergemeinde Jesu sind die Seligpreisungen Paradoxien – die weltlichen Maßstäbe werden umgestürzt, sobald die Dinge in der rechten Perspektive gesehen werden, nämlich von Gottes Wertung her, die anders ist als die Wertungen der Welt. Gerade die weltlich Armen und als verloren Angesehenen sind die wahrhaft Glücklichen, die Gesegneten, und dürfen in all ihren Leiden sich freuen und jubeln. Die Seligpreisungen sind Verheißungen, in denen das neue Bild von Welt und Mensch aufleuchtet, das Jesus eröffnet, die „Umwertung der Werte". Sie sind eschatologische Zusagen; aber das darf nicht in dem Sinn verstanden werden, als ob die

darin angekündigte Freude in eine endlos entfernte Zukunft oder ausschließlich ins Jenseits verschoben wäre. Wenn der Mensch anfängt, von Gott her zu sehen und zu leben, wenn er in der Weggemeinschaft mit Jesus steht, dann lebt er von neuen Maßstäben her, und dann wird etwas vom „Eschaton“, vom Kommenden, jetzt schon präsent. Von Jesus her kommt Freude in die Drangsal.
Die Paradoxien, die Jesus in den Seligpreisungen vorstellt, drücken die wahre Situation des Glaubenden in der Welt aus, wie sie Paulus aus seiner Lebens- und Leidenserfahrung als Apostel wiederholt beschrieben hat: „Wir gelten als Betrüger und sind doch wahrhaftig, wir werden verkannt und doch anerkannt; wir sind wie Sterbende, und siehe: wir leben; wir werden gezüchtigt und doch nicht getötet; uns wird Leid zugefügt und doch sind wir jederzeit fröhlich; wir sind arm und machen doch viele reich; wir haben nichts und haben doch alles“ (2 Kor 6,8–10). „Von allen Seiten werden wir in die Enge getrieben und finden doch Raum; wir wissen weder aus noch ein und verzweifeln dennoch nicht; wir werden gehetzt und sind doch nicht verlassen; wir werden niedergestreckt und doch nicht vernichtet …“ (2 Kor 4,8–10). […]
Wer den Matthäus-Text aufmerksam liest, wird inne, dass die Seligpreisungen wie eine verhüllte innere Biographie Jesu, wie ein Porträt seiner Gestalt dastehen. Er, der keinen Ort hat, wo er sein Haupt hinlegen kann (Mt 8,20), ist der wahrhaft Arme; er, der von sich sagen kann: Kommt zu mir, denn ich bin sanftmütig und demütig von Herzen (Mt 11,29), ist der wahrhaftig Sanftmütige; er ist es, der reinen Herzens ist und daher Gott immerfort schaut. Er ist der Friedensstifter, er ist der um Gottes willen Leidende: In den Seligpreisungen erscheint das Geheimnis Christi selbst, und sie rufen uns in die Gemeinschaft mit Christus hinein. […]

b) Die Seligpreisungen sind missverstanden, wenn sie nur als Trostsprüche an Arme, Hungernde und Trauernde angesehen werden. Sie sind vielmehr *Proklamation der neuen Ordnung Gottes vor der Öffentlichkeit*. Dieser „Sitz im Leben“ macht den Gebrauch der dritten Person verständlich. Angesprochen sind gerade die, die nicht arm, hungrig oder in Trauer sind. Für sie wird nun Gott als der Gott der Armen und sein Reich als das Reich der Armen proklamiert. Gottes Reich ist nur dann sein Reich, wenn in ihm die Armen zu ihrem Recht kommen. Jesus zerstört also das falsche Bild vom „Gott für uns“ und „Gott mit uns“, das sich die Menschen nach ihren Wünschen und Träumen machen. Er zerstört jene Erwartungen, in denen Gottes Reich den Interessen des Einzelnen und seiner Gruppe angepasst wird. Schon in der Gegenwart stellt er dadurch jene Ordnungen in Frage, die die Menschen nach den Maßstäben der Macht und des Gewinns errichtet haben.
Jesus ließ sich in seinem Handeln von diesem Gott bestimmen; deswegen trat er für die ein, die Hilfe brauchten, und setzte sich mit denen an einen Tisch, die als gottlos galten und von den Frommen verachtet wurden (vgl. Mt 11,19).
Auch der Jünger kann darum nicht bei der Proklamation dieses Reiches stehen bleiben, vielmehr muss er sich von dieser Botschaft in seinem Handeln bestimmen lassen: die Armen, Hungernden und Trauernden muss er als seine Tisch- und Weggenossen anerkennen.
Jesus liefert hier kein politisches Programm; die individuellen und gesellschaftlichen Konsequenzen dieser Proklamation des Reiches muss jede Generation von Neuem bedenken. Dass durch sie aber das gesamte Leben des Christen, also auch sein gesellschaftliches Handeln, in eindeutigem Sinn bestimmt wird, das sollte allerdings nicht bezweifelt werden.

## Anregungen zur Weiterarbeit

1. Fassen Sie die wesentlichen Inhalte aus M 3 zusammen.
2. Erläutern Sie die Botschaft, die die Seligpreisungen insgesamt vermitteln wollen.
3. Arbeiten Sie die Intentionen der einzelnen Seligpreisungen M 4 bis M 10 heraus (zur fünften Seligpreisung ziehen Sie Ihre Ergebnisse aus der Bearbeitung des Gleichnisses vom barmherzigen Samariter heran), indem Sie ein Gruppenpuzzle durchführen. Hilfestellung zur Durchführung der Methode bieten Ihnen die Methodenseiten.
4. Wählen Sie eine Seligpreisung, die Ihnen besonders wichtig erscheint, aus, und gestalten Sie dazu eine Collage, ein Bild, einen Liedtext etc., sodass Ihre Interpretation, Ihr (heutiges) Verständnis ebendieser deutlich wird.
5. Präsentieren Sie Ihre künstlerischen Ergebnisse im Plenum und formulieren Sie abschließend, auch unter Berücksichtigung von M 3, Ihr Verständnis der Seligpreisungen.
6. Interpretieren Sie das Bild, indem Sie aufzeigen, was Menschen, die die Seligpreisungen in ihrem Alltag umsetzen, erwartet und was von ihnen erwartet wird.
7. Gestalten Sie auf der Grundlage Ihrer Interpretation einen inneren Monolog des springenden Fisches und der übrigen Fische.

## M 4 Mt 5,3 (erste Seligpreisung)

Selig, die arm sind vor Gott; /
denn ihnen gehört das Himmelreich.

Da ist zunächst das vielumrätselte Wort von den „Armen im Geist". Dieses Wort erscheint in den Qumranrollen, in denen es die Selbstbezeichnung der Frommen ist. Sie nennen sich auch „die Armen der Gnade", „die Armen deiner Erlösung" oder einfach „die Armen" [...]. Sie drücken mit dieser Selbstbezeichnung ihr Bewusstsein aus, das wahre Israel zu sein; sie greifen damit in der Tat Traditionen auf, die tief im Glauben Israels verwurzelt sind. Zur Zeit der Eroberung Judäas durch die Babylonier mussten 90 Prozent der Judäer zu den Armen gerechnet werden; aufgrund der persischen Steuerpolitik war nach dem Exil erneut eine dramatische Armutssituation gegeben. Die alte Vision, dass es dem Gerechten gut geht und dass Armut Folge schlechten Lebens sei (Tun-Ergehen-Zusammenhang), ließ sich nun nicht mehr aufrechterhalten. Nun erkennt sich Israel gerade in seiner Armut als Gott nahe, erkennt, dass gerade die Armen in ihrer Demut Gottes Herzen nahe stehen im Gegensatz zum Hochmut der Reichen, die nur auf sich selbst bauen. [...]
Die Armut, von der da die Rede ist, ist nie ein bloß materielles Phänomen. Die bloße materielle Armut rettet nicht, auch wenn gewiss die Benachteiligten dieser Welt in ganz besonderer Weise mit Gottes Güte rechnen dürfen. Aber das Herz der Nichtbesitzenden kann verhärtet, vergiftet, böse sein – inwendig voller Gier nach der Habe, Gottes vergessend und nach dem äußeren Besitz sich verzehrend.
Andererseits ist die Armut, von der da geredet wird, nun doch auch keine bloße geistige Haltung. Gewiss, die Radikalität, die uns von so vielen wahren Christen – vom Mönchsvater Antonius bis zu Franz von Assisi und bis in die exemplarisch Armen unseren Jahrhunderts – vorgelebt wurde und wird, ist nicht allen aufgetragen. Aber die Kirche braucht, um Gemeinschaft der Armen Jesu zu sein, immer wieder die großen Verzichtenden; sie braucht die ihnen folgenden Gemeinschaften, die Armut und die Einfachheit leben und uns so die Wahrheit der Seligpreisungen zeigen, um alle wachzurütteln, Besitz nur als Dienst zu verstehen, sich der Kultur des Habens in einer Kultur der inneren Freiheit entgegenzustellen und so auch die Voraussetzungen für soziale Gerechtigkeit zu schaffen. [...] [N]ur wo die große Orientierung, die sie uns gibt, in der Gesinnung und im Tun lebendig bleibt, nur wo vom Glauben die Kraft des Verzichts und der Verantwortung für den Nächsten wie für das Ganze kommt, kann auch soziale Gerechtigkeit wachsen.

## M 5 Mt 5,5 (dritte Seligpreisung)

Selig, die keine Gewalt anwenden; /
denn sie werden das Land erben.

„Selig die Milden (Sanftmütigen), denn sie werden das Land erben" (Mt 5,5). Die deutsche Einheitsübersetzung der Heiligen Schrift hat das hier stehende griechische Wort *praeĩs* (von: *praýs*) übersetzt: „die keine Gewalt anwenden". Das ist eine Verengung des griechischen Wortes, das eine reiche Fracht an Überlieferung in sich trägt. Die Seligpreisung ist praktisch ein Psalmzitat: „Die Sanftmütigen (Milden) werden das Land erben" (Ps 37,11). Das Wort „die Sanftmütigen – Milden" ist in der griechischen Bibel die Übersetzung des hebräischen Wortes *anawim*, womit die Armen Gottes bezeichnet wurden, von denen wir bei der ersten Seligpreisung gesprochen haben. So gehen die erste und die dritte Seligpreisung weitgehend ineinander über; die dritte verdeutlicht noch einmal einen wesentlichen Aspekt dessen, was mit der von Gott her und auf Gott hin gelebten Armut gemeint ist. [...]
Mit dieser dritten Seligpreisung ist im Text des Matthäus-Evangeliums die Landverheißung verbunden: „Selig die Milden, denn sie werden das Land besitzen." Was ist damit gemeint? Die Hoffnung auf das Land gehört zum Urbestand der Abrahamsverheißung. Bei der Wüstenwanderung Israels steht immer das verheißene Land als Ziel der Wanderung im Blickfeld. Im Exil wartet Israel auf die Heimkehr in sein Land. Aber wir dürfen auch nicht übersehen, dass die Landverheißung deutlich über den bloßen Gedanken des Besitzes von einem Stück Land oder eines nationalen Territoriums hinausgeht, wie es einem jeden Volk zusteht. [...] Natürlich kann man in dem Zusammenspiel von „Sanftmut" und Landverheißung zunächst auch eine ganz normale Weisheit der Geschichte erblicken: Die Eroberer kommen und gehen. Es bleiben die Einfachen, die Demütigen, die das Land bebauen und Saat und Ernte unter Schmerzen und Freuden weiterführen. Die Demütigen, die Einfachen, sind auch rein geschichtlich gesehen beständiger als die Gewalttäter. Aber es geht doch um mehr. Die allmähliche Universalisierung des Landbegriffs von den theologischen Grundlagen der Hoffnung her entspricht auch dem universalen Horizont, den wir in der Sacharja-Verheißung gefunden haben: Das Land des Friedenskönigs ist nicht ein Nationalstaat – es reicht „von Meer zu Meer" (Sach 9,10). Der Friede zielt auf die Überwindung der Grenzen und auf eine durch den von Gott her kommenden Frieden erneuerte Erde. Die Erde gehört am Ende den „Sanftmütigen", den Friedfertigen, sagt uns der Herr. Sie soll das „Land des Friedenskönigs" werden. Darauf hinzuleben, lädt uns die dritte Seligpreisung ein.
Jede eucharistische Versammlung ist für uns Christen eine solche Stelle der Herrschaft des Friedenskönigs. Die weltumspannende Gemeinschaft der Kirche Jesu Christi ist so ein Vorentwurf für die „Erde" von morgen, die ein Land des Friedens Jesu Christi werden soll. Auch hier klingt die dritte Seligpreisung ganz eng mit der ersten zusammen: Was „Reich Gottes" bedeutet, wird ein Stück weit von da aus sichtbar, auch wenn der Anspruch dieses Wortes über die Landverheißung hinausreicht.

## M 6 Mt 5,9 (siebte Seligpreisung)

Selig, die Frieden stiften; /
denn sie werden Söhne Gottes genannt werden.

Zunächst kann man da den weltgeschichtlichen Hintergrund wahrnehmen. Lukas hatte in der Kindheitsgeschichte Jesu das Gegenüber zwischen diesem Kind und dem allgewaltigen Kaiser Augustus anklingen lassen, der als „Heiland des allgemeinen Menschengeschlechts" und als der große Friedensbringer gerühmt wurde. Vorher schon hatte Caesar den

Titel „Friedensstifter der Ökumene" in Anspruch genommen. Für die Gläubigen in Israel steigt die Erinnerung an Salomo auf, in dessen Namen das Wort „Friede" (*schalom*) enthalten ist. Der Herr hatte dem David verheißen: „In seinen Tagen darf Israel in Frieden und Ruhe leben ... Er wird für mich Sohn sein, und ich werde für ihn Vater sein" (1 Chr 22,9 f). Damit erscheint ein Zusammenhang von Gottessohnschaft und Königtum des Friedens: Jesus ist der Sohn, und er ist es wirklich. Er ist daher erst der wahre „Salomo" – der Bringer des Friedens. Frieden zu stiften, gehört vom Wesen her zur Sohnschaft. So lädt diese Seligpreisung dazu ein, zu sein und zu tun, was der Sohn tut, um so selbst „Söhne Gottes" zu werden.
Das gilt zunächst im Kleinen des jeweiligen Lebensraumes. Es beginnt in jener Grundentscheidung, die Paulus mit Leidenschaft im Namen Gottes erbittet: „Wir bitten euch um Christi willen: Lasst euch versöhnen mit Gott" (2 Kor 5,20). Die Zerfallenheit mit Gott ist der Ausgangspunkt aller Vergiftungen des Menschen, ihre Überwindung die Grundbedingung für den Frieden in der Welt. Nur der mit Gott versöhnte Mensch kann auch mit sich selbst versöhnt und im Einklang sein, und nur der mit Gott und sich selbst versöhnte Mensch kann Frieden stiften um sich herum und in die Weite der Welt hinein. Der politische Kontext, der in der Kindheitsgeschichte des Lukas wie hier in den Seligpreisungen des Matthäus durchklingt, zeigt aber die ganze Reichweite dieses Wortes an. Dass Friede sei auf der Erde (Lk 2,14), ist Wille Gottes und so zugleich ein Auftrag an den Menschen. Der Christ weiß, dass das Bestehen von Frieden an das Stehen der Menschen in der „Eudokia" Gottes, in seinem „Wohlgefallen" gebunden ist. Das Ringen um das Stehen im Frieden mit Gott ist ein unerlässlicher Teil des Ringens um den „Frieden auf Erden"; von dorther kommen die Maßstäbe und die Kräfte für dieses Ringen. Dass da, wo Gott den Menschen außer Sichtweite gerät, auch der Friede verfällt und die Gewalt mit vorher ungeahnten Grausamkeiten überhandnimmt, sehen wir heute nur allzu deutlich.

### M7 Mt 5,4 (zweite Seligpreisung) und Mt 5,10 (achte Seligpreisung)

Selig die Trauernden; /
denn sie werden getröstet werden.

Ist es gut, zu trauern und die Traurigkeit seligzupreisen? Es gibt zwei Arten von Traurigkeit: eine Traurigkeit, die die Hoffnung verloren hat, der Liebe nicht mehr traut und der Wahrheit und daher den Menschen von innen zersetzt und zerstört; aber auch die Traurigkeit, die aus der Erschütterung durch die Wahrheit kommt, den Menschen zur Umkehr bringt, zum Widerstand gegen das Böse. Diese Traurigkeit heilt, weil sie den Menschen neu zu hoffen und zu lieben lehrt. Für die erste Traurigkeit steht Judas, der – vom Erschrecken über seinen eigenen Fall getroffen – nicht mehr zu hoffen wagt und in der Verzweiflung sich selbst erhängt. Für die zweite Art von Traurigkeit steht Petrus, der, vom Blick des Herrn getroffen, in Tränen ausbricht, die heilend sind: Sie pflügen das Erdreich seiner Seele um. Er beginnt von Neuem und wird neu.
Für diese positive Art von Traurigkeit, die eine Gegenmacht zur Herrschaft des Bösen ist, bietet uns Ez 9,4 ein eindrucksvolles Zeugnis. Sechs Männer werden da beauftragt, das Strafgericht an Jerusalem zu vollziehen – an dem Land, das voller Blutschuld, an der Stadt, die voller Unrecht war (9,9). Aber zuvor muss ein in Linnen gekleideter Mann den althebräischen Buchstaben *taw* (eine Art Kreuzzeichen) auf die Stirn all derjenigen zeichnen, „die über die in der Stadt begangenen Gräueltaten seufzen und stöhnen" (9,4), und die so Bezeichneten sind vom Strafgericht ausgenommen. Es sind Menschen, die nicht mit den Wölfen heulen, die sich nicht in das Mitläufertum mit dem selbstverständlich gewordenen Unrecht hineinziehen lassen, sondern darunter leiden. Auch wenn es nicht in ihrer Macht steht, die Situation im Ganzen zu ändern, so setzen sie der Herrschaft des Bösen doch den passiven Widerstand des Leidens entgegen – die Traurigkeit, die der Macht des Bösen eine Grenze zieht. [...]
Wer sein Herz nicht verhärtet vor dem Schmerz, vor der Not des anderen, wer dem Bösen nicht die Seele öffnet, sondern unter seiner Macht leidet und so der Wahrheit, d. h. Gott recht gibt, der öffnet die Fenster der Welt, dass Licht hereinkommt. Den so Trauernden ist der große Trost verheißen. Insofern hängt die zweite Seligpreisung ganz eng mit der achten zusammen: „Selig, die um der Gerechtigkeit willen verfolgt werden, denn ihrer ist das Himmelreich."
Die Traurigkeit, von der der Herr spricht, ist der Nonkonformismus mit dem Bösen, sie ist eine Weise des Widerspruchs gegen das, was alle tun und was sich dem Einzelnen als Verhaltensmuster aufdrängt. Diese Art von Widerstand erträgt die Welt nicht, sie verlangt das Mitmachen. Ihr erscheint diese Traurigkeit als eine Anklage, die der Betäubung der Gewissen entgegentritt, und sie ist es auch. Deshalb werden die Trauernden zu Verfolgten um der Gerechtigkeit willen. Den Trauernden wird Tröstung, den Verfolgten das Reich Gottes verheißen; es ist dieselbe Verheißung, die den vom Geist her Armen gilt. Das Reich Gottes, das Stehen im Schutz von Gottes Macht und das Geborgensein in seiner Liebe – das ist die wahre Tröstung.
Und umgekehrt: Erst dann wird der Leidende wahrhaft getröstet sein, erst dann werden seine Tränen vollends versiegen, wenn keine mörderische Gewalt ihn und die machtlosen Menschen dieser Welt mehr bedrohen kann; erst dann ist der Trost vollendet, wenn auch die unverstandenen Leiden der Vergangenheit ins Licht Gottes gehoben und von seiner Güte her zu einem versöhnenden Sinn geführt werden; erst dann ist der wahre Trost erschienen, wenn „der letzte Feind", der Tod (1 Kor 15,26), mit all seinen Helfershelfern entmachtet ist. So hilft uns das Wort vom Trost verstehen, was mit „Reich Gottes" (der Himmel) gemeint ist, und „Reich Gottes" wiederum gibt uns eine Vorstellung davon, welchen Trost der Herr für alle Trauernden und Leidenden dieser Welt bereithält.

### M8 Mt 5,11 (neunte Seligpreisung)

Selig seid ihr, wenn ihr um meinetwillen beschimpft und verfolgt und auf alle mögliche Weise verleumdet werdet.

„Gerechtigkeit" ist in der Sprache des Alten Bundes der Ausdruck für die Treue zur Tora, die Treue zum Wort Gottes, wie

sie immer wieder von den Propheten angemahnt worden war. Sie ist das Einhalten des von Gott gezeigten rechten Weges, dessen Mitte die Zehn Gebote sind. Die neutestamentliche Entsprechung zum alttestamentlichen Begriff der Gerechtigkeit ist der „Glaube": Der Gläubige ist der „Gerechte", der auf Gottes Wegen geht (Ps 1; Jer 17,5–8). Denn der Glaube ist das Mitgehen mit Christus, in dem das ganze Gesetz erfüllt ist, er eint uns mit der Gerechtigkeit Christi selbst.
Die um der Gerechtigkeit willen verfolgten Menschen sind diejenigen, die aus der Gerechtigkeit Gottes – aus dem Glauben – leben. Weil das Streben des Menschen immer wieder darauf zielt, sich von Gottes Willen zu emanzipieren und nur sich selber zu folgen, darum wird der Glaube immer wieder als Widerspruch zur „Welt" – zu den jeweils herrschenden Mächten – erscheinen, und darum wird es in allen Perioden der Geschichte Verfolgung um der Gerechtigkeit willen geben. [...] Der gekreuzigte Christus ist der verfolgte Gerechte, von dem die prophetischen Worte des Alten Bundes, besonders die Gottesknechtslieder sprechen, den aber auch Platon vorausgeahnt hatte (*Politeia* II 361e-362a). Und so gerade ist er selbst die Ankunft von Gottes Reich. Die Seligpreisung ist eine Einladung zur Nachfolge des Gekreuzigten – an den Einzelnen wie an die Kirche im Ganzen.
Die Seligpreisung der Verfolgten erhält im abschließenden Satz der Makarismen eine Variante, die uns Neues sehen lässt. Jesus verheißt denen Freude, Jubel, großen Lohn, „die um meinetwillen beschimpft und verfolgt und auf alle mögliche Weise verleumdet werden" (V. 11). Nun wird sein Ich, das Stehen zu seiner Person, zum Maßstab der Gerechtigkeit und des Heils. Wenn in den anderen Seligpreisungen die Christologie gleichsam verhüllt dasteht, so tritt hier die Botschaft von ihm selber als Mittelpunkt der Geschichte offen hervor. Jesus schreibt seinem Ich eine Maßstäblichkeit zu, die kein Lehrer Israels und auch kein Lehrer der Kirche für sich in Anspruch nehmen darf. Der so spricht, ist nicht mehr Prophet im herkömmlichen Sinn, Botschafter und Treuhänder für einen anderen; er ist selbst Bezugspunkt des rechten Lebens, selbst Ziel und Mitte.

## M 9 Mt 5,6 (vierte Seligpreisung)

Selig, die hungern und dürsten nach der Gerechtigkeit; /
denn sie werden satt werden.

Dieser Lobpreis ist von innen her dem Wort über die Trauernden verwandt, die Tröstung finden werden: Wie dort diejenigen Verheißung empfangen, die sich nicht dem Diktat der herrschenden Meinungen und Gewohnheiten beugen, sondern im Leiden dagegen Widerstand leisten, so geht es auch hier um die Menschen, die Ausschau halten, die auf der Suche nach dem Großen, nach der wahren Gerechtigkeit, dem wahren Gut sind. Ein Wort, das sich in einem Strang der Texte des Daniel-Buches findet, wurde für die Überlieferung die Zusammenfassung der Haltung, um die es hier geht. Dort wird Daniel als *vir desideriorum*, als „Mann der Sehnsucht" (Dan 9,23 Vg) beschrieben. Der Blick richtet sich auf die Menschen, die sich nicht mit dem Vorhandenen begnügen und die Unruhe des Herzens nicht ersticken, die den Menschen auf Größeres verweist, so dass er sich inwendig auf den Weg macht – gleichsam wie die Weisen aus dem Morgenland, die Jesus suchen, den Stern, der den Weg zur Wahrheit, zur Liebe, zu Gott zeigt. Es sind Menschen einer inneren Sensibilität, die sie hör- und sehfähig macht für die leisen Zeichen, die Gott in die Welt hineinsendet und sie so die Diktatur der Gewöhnlichkeit zerbrechen.
Wer würde dabei nicht an die demütigen Heiligen denken, in denen der Alte Bund sich für den Neuen öffnet und in ihn hineinverwandelt? An Zacharias und Elisabeth, an Maria und Josef, an Simeon und Anna, die je auf ihre Weise mit innerer Wachheit auf das Heil Israels warten und mit ihrer demütigen Frömmigkeit, der Geduld ihres Wartens und Sehens dem Herrn „die Wege bereiten"? Aber denken wir auch an die zwölf Apostel – an Menschen (wir werden es sehen) aus ganz verschiedenen geistigen und sozialen Herkünften, die aber mitten in ihrer Arbeit und ihrem Alltag sich das offene Herz bewahrt hatten, das sie dem Ruf des Größeren öffnete? Oder auch an die Leidenschaft eines Paulus für die Gerechtigkeit, die auf dem falschen Weg ist, aber ihn doch dafür bereitet, von Gott niedergeworfen und so zu neuer Hellsicht gebracht zu werden? So könnten wir die ganze Geschichte hindurch fortfahren. Edith Stein hat einmal gesagt, wer redlich und leidenschaftlich nach der Wahrheit suche, der sei auf dem Weg zu Christus. Von solchen Menschen spricht die Seligpreisung – von diesem Durst und Hunger, der selig ist, weil er den Menschen zu Gott, zur Christus führt und deshalb die Welt dem Reich Gottes öffnet.

## M 10 Mt 5,8 (sechste Seligpreisung)

Selig, die ein reines Herz haben; /
denn sie werden Gott schauen.

Das Organ, mit dem man Gott sehen kann, ist das Herz: Der bloße Verstand genügt nicht; damit der Mensch wahrnehmungsfähig werde für Gott, müssen die Kräfte seiner Existenz zusammenwirken. Der Wille muss rein sein, und schon vorher der affektive Grund der Seele, der Verstand und Willen die Richtung vorgibt. Mit „Herz" ist gerade dieses innere Zusammenspiel der Wahrnehmungskräfte des Menschen gemeint, bei dem auch das rechte Ineinander von Leib und Seele mit im Spiel ist, das zur Ganzheit dieses Geschöpfes „Mensch" gehört. Die affektive Grundgestimmtheit des Menschen hängt gerade auch von dieser Einheit von Seele und Leib ab und davon, dass der Mensch sein Leibsein und sein Geistsein zusammen annimmt; den Leib in die Zucht des Geistes stellt, aber dabei nicht Verstand oder Willen isoliert, sondern sich selbst von Gott her annimmt und so auch die Leibhaftigkeit seiner Existenz als Reichtum für den Geist erkennt und lebt. Das Herz – die Ganzheit des Menschen – muss rein sein, inwendig offen und frei, damit der Mensch Gott sehen kann. Theophil von Antiochien († um 180) hat das im Disput mit fragenden Menschen einmal so ausgedrückt: „Wenn du aber ... sagst: Zeige mir deinen Gott!, so möchte ich dir sagen: Zeige mir den Menschen in dir ... Gott wird nämlich von denen gesehen, die im Stande sind, ihn zu sehen, wenn sie nämlich die Augen ihres Geistes offen haben ... Der Mensch muss eine Seele haben, so rein wie ein blankpolierter Metallspiegel ..." (*Ad Autolycum* I 2,7).

## M 11 Mt 5,38–42: Von der Vergeltung (aus den Antithesen)

38 Ihr habt gehört, dass gesagt worden ist: *Auge für Auge* und *Zahn für Zahn*.
39 Ich aber sage euch: Leistet dem, der euch etwas Böses antut, keinen Widerstand, sondern wenn dich einer auf die rechte Wange schlägt, dann halt ihm auch die andere hin.
40 Und wenn dich einer vor Gericht bringen will, um dir das Hemd wegzunehmen, dann lass ihm auch den Mantel.
41 Und wenn dich einer zwingen will, eine Meile mit ihm zu gehen, dann geh zwei mit ihm.
42 Wer dich bittet, dem gib, und wer von dir borgen will, den weise nicht ab.

## M 12 Die Ärzte: Schunder-Song

Du hast mich so oft angespuckt, geschlagen und getreten.
Das war nicht sehr nett von Dir. Ich hatte nie darum gebeten.
Deine Freunde haben applaudiert. Sie fanden es ganz toll,
wenn Du mich vermöbelt hast. Doch jetzt ist das Maß voll.
Gewalt erzeugt Gegengewalt – hat man Dir das nicht erklärt.
Oder hast Du da auch, wie so oft, einfach nicht genau zugehört.

Jetzt stehst Du vor mir und wir sind ganz allein.
Keiner kann Dir helfen, keiner steht Dir bei.
Ich schlage nur noch auf Dich ein.
Immer mitten in die Fresse rein!
Immer mitten in die Fresse rein!

Ich bin nicht stark und ich bin kein Held. Doch was zu viel ist, ist zuviel.
Für Deine Aggressionen war ich immer das Ventil.
Deine Kumpels waren immer dabei, doch jetzt wendet sich das Blatt.
Auch wenn ich morgen besser umzieh', irgendwo in eine andere Stadt (irgendwo in eine andere Stadt).
Gewalt erzeugt Gegengewalt – hat man Dir das nicht erzählt.
Oder hast Du da auch, wie so oft, im Unterricht gefehlt.

Jetzt liegst Du vor mir und wir sind ganz allein,
und ich schlage weiter auf Dich ein.
Das tut gut. Das musste einfach mal sein.
Immer mitten in die Fresse rein!
Immer mitten in die Fresse rein!
Immer mitten in die Fresse,
mitten in die Fresse (wdh.).

Schunder-Song
T: Urlaub, Farin


## Anregungen zur Weiterarbeit

1. Fassen Sie die Kernaussagen von M 11 zusammen.
2. Analysieren Sie den Liedtext der Ärzte M 12 hinsichtlich des dargestellten Umgangs mit Gewalt.
3. Erläutern Sie aus der Sicht von Mt 5,38–42 (M 11), wie mit Gewalt und Feinden umgegangen werden soll. Lesen Sie vertiefend M 13.
4. Setzen Sie sich mit der Antithese zur „Feindesliebe" M 14 auseinander, indem Sie ein Schreibgespräch durchführen. Anleitung und Hilfestellung finden Sie auf den Methodenseiten.
5. Ziehen Sie Konsequenzen aus den Antithesen „Von der Vergeltung" und „Von der Feindesliebe" für das gesellschaftliche Miteinander. Lesen Sie hierzu vertiefend M 15.
6. Prüfen Sie, ob und inwiefern die beiden Antithesen in der heutigen Gesellschaft realisierbar sind. Berücksichtigen Sie auch hier M 15.

## M 13 Hubertus Halbfas: Von der Vergeltung

Die immer wieder zitierte Formel angeblich jüdischer Ethik „Auge um Auge, Zahn um Zahn" findet sich zwar in der Bibel (Ex 21,24; Lev 24,20; Dtn 19,21), war aber ein Rechtsgrundsatz des gesamten Orients und wird schon im Codex Hammurabi (um 1700 v. Chr.) formuliert. Er verlangt die Beschränkung einer Vergeltung auf das rechte Maß: „Für ein Auge nicht mehr als ein Auge!" Dieses Denken ist auch im heutigen Alltag noch gegenwärtig; tatsächlich wäre schon vieles besser in der Welt, wenn nicht mit mehr als gleicher Münze zurückgezahlt würde. Aber wie oft wird ein harmloser Schlag mit hemmungslosen Schlägen beantwortet, in politischen Konflikten mit „Vergeltungsschlägen" das anfängliche Unrecht maßlos übersteigert!
Der matthäische Jesus überschreitet den Bereich rechtlicher Ordnung in eine ungleich sensiblere Grundhaltung hinein. Der erste Spruch rät, eine Ohrfeige mit dem Hinhalten auch der anderen Seite zu beantworten. Der zweite empfiehlt, der gerichtlichen Pfändung eines Hemdes durch das zusätzliche Überlassen selbst des Mantels zuvorzukommen, – was nicht nur dem allgemeinen Rechtsempfinden widerspricht, sondern auch dem biblischen Pfändungsrecht, das den Mantel des Armen unpfändbar macht, da er auch dessen Bettdecke ist. Der dritte Spruch meint, wenn jemand etwas fordere, ihm doppelt zu geben. Dem reinen Rechtsdenken wird die entwaffnende Macht ertragender Liebe gegenübergestellt. Sie lässt das Böse an sich selbst zerschellen.

## M14 Mt 5,43–48: Von der Liebe zu den Feinden (aus den Antithesen)

**43** Ihr habt gehört, dass gesagt worden ist: *Du sollst deinen Nächsten lieben* und deinen Feind hassen.
**44** Ich aber sage euch: Liebt eure Feinde und betet für die, die euch verfolgen, **45** damit ihr Söhne eures Vaters im Himmel werdet; denn er lässt seine Sonne aufgehen über Bösen und Guten, und er lässt regnen über Gerechte und Ungerechte.
**46** Wenn ihr nämlich nur die liebt, die euch lieben, welchen Lohn könnt ihr dafür erwarten? Tun das nicht auch die Zöllner?
**47** Und wenn ihr nur eure Brüder grüßt, was tut ihr damit Besonderes? Tun das nicht auch die Heiden?
**48** Ihr sollt also vollkommen sein, wie es auch euer himmlischer Vater ist.

## M15 Fulbert Steffensky: Kann Rache das Leben ändern?

Der Gedanke der Feindschaft ist älter als der Gedanke der Freundschaft. Die Praxis zurückzuschlagen, wo man geschlagen wird, ist naheliegender und überzeugender als die Praxis des Racheverzichts. Langsam erst wächst der Zweifel an der Annahme, dass die Rache das Recht wiederherstellen und die Güte des Lebens retten könne. In dem »Auge um Auge und Zahn um Zahn«, das Jesus überholen will, wird vielleicht menschheitsgeschichtlich zum ersten Male die Vermutung wach, dass es andere Lebenswege geben könnte als die Vernichtung des Schlägers. So wird das Zurückschlagen begrenzt: Nicht mehr als das Auge sollst du von dem fordern, der dir das Auge genommen hat! Die Bergpredigt dann ist die grundsätzliche Aufkündigung der Gewalt als Mittel der Lebensrettung. In provokativ-poetischer Form formuliert es Jesus: Halte die andere Backe hin, wenn dich einer schlägt. Zurückzuschlagen ist geläufig. Rache ist eine Sprache, die jeder versteht. Vielleicht ist die Begrenzung der Gewalt des Schlägers sogar gelegentlich notwendig. Aber der Schläger lernt daraus nichts. Die Gewalt unterbricht die fatalen Kreisläufe nicht, sie stützt die alten Ordnungen. Der Vorschlag der Bergpredigt dagegen ist ordnungswidrig: Schlag nicht zurück, wo du geschlagen wirst; bete, wo du verfolgt wirst! Er unterbricht die Geläufigkeit des Denkens und der Praxis.
Mit der Bergpredigt kann man nicht regieren, hieß es in der Zeit der Nachrüstung und der Raketenstationierung. Hat es schon einer versucht?
Vom Golfkrieg über den Balkan bis zum Irak hat sich allerdings auch gezeigt, dass mit purer Gewalt zu regieren und reagieren kein Mittel des Lebensgewinns ist. Vielleicht kann weder ein einzelner Mensch noch eine Gesellschaft mit den jesuanischen Anweisungen leben, sofern sie wörtlich verstanden werden. Aber man stelle sich vor, der von Jesus propagierte Gewaltverzicht wäre das ständige Regulativ und die erste Option des Handelns einer Gesellschaft. Man stelle sich vor, es würden die Worte der Bergpredigt in uns einen grundlegenden Zweifel an gewalthaften politischen Lösungen wecken, mehr nicht, aber wenigstens diesen Zweifel an der Gewalt als dem Mittel des Lebensgewinns! Wir müssten dann nicht in bitteren Lehren lernen, dass zu schlagen leicht, zu heilen schwer ist; Städte zu zerstören leicht, sie wieder aufzubauen schwer ist; Tierarten auszurotten leicht, die Ordnung der Natur zu erhalten schwer ist; den Boden zu verseuchen leicht, die Erde für unsere Enkel zu bewahren schwer ist. Am bittersten und am unverständlichsten ist, dass nicht einmal der Gedanke an die Folgen für unsere Kinder und Enkel uns zurückschrecken lässt von der Gewalt gegen die Erde. Eine Gesellschaft, in der die Zweifel an der Gewalt selbstverständlicher wären als ihre unbefragte Geläufigkeit, würde ihre Institutionen verändern. Die wissenschaftlichen und technischen Anstrengungen zielten nicht hauptsächlich auf die Verbesserung der Vernichtungsmaschinerien. Die Konzepte der Friedensdienste und der zivilen Verteidigung hätten eine mindestens so große Chance wie der Ausbau des Militärs. Die Friedensinstitute hätten mindestens das gleiche Ansehen und das gleiche Geld wie die Militärinstitute. Ich plädiere nicht für die Abschaffung des Militärs (wohl wünsche ich, dass der Stachel im Fleisch nie fehlt, den absolute Pazifisten für eine Gesellschaft darstellen). Ich plädiere dafür, dass wir von der Bergpredigt her die selbstverständliche Vorrangigkeit des gewalthaften Denkens und der militärischen Lösungen in Zweifel ziehen. Der Zweifel hat schon viele Leben gerettet.
Ich wünsche mir eine Gesellschaft, die scharfe Gesetze erlässt, um die Zukunft der folgenden Generationen vor unserer Gewalt zu schützen. Es soll verboten werden, dass man für 30 Euro von Wien nach Hamburg und von Köln nach London fliegen kann. Es soll verboten sein, der Wirtschaft und dem gegenwärtigen Profit die Zukunft der Atemluft kommender Geschlechter zu opfern. Wir können diese Zukunft nicht der Willkür der Einzelnen überlassen. Die »Erziehung des Menschengeschlechts« geschieht auch über die Institutionen, die eine Gesellschaft hat, dazu gehört das Recht. Wir sind als Einzelne zu schwach, nach unseren guten Einsichten zu handeln, und wir kommen nicht mit der Summe der Güte der Einzelnen aus. Wir brauchen Räume der Güte, die durch das Recht hergestellt werden. Wir brauchen eine Gesellschaft, die des Rechtes fähig ist.

## M16 Das Vaterunser (Mt 6,5–15)

**5** Wenn ihr betet, macht es nicht wie die Heuchler. Sie stellen sich beim Gebet gern in die Synagogen und an die Straßenecken, damit sie von den Leuten gesehen werden. Amen, das sage ich euch: Sie haben ihren Lohn bereits erhalten.
**6** Du aber geh in deine Kammer, wenn du betest, und schließ die Tür zu; dann bete zu deinem Vater, der im Verborgenen ist. Dein Vater, der auch das Verborgene sieht, wird es dir vergelten.
**7** Wenn ihr betet, sollt ihr nicht plappern wie die Heiden, die meinen, sie werden nur erhört, wenn sie viele Worte machen. **8** Macht es nicht wie sie; denn euer Vater weiß, was ihr braucht, noch ehe ihr ihn bittet.
**9** So sollt ihr beten: Unser Vater im Himmel, /
dein Name werde geheiligt,
**10** dein Reich komme, /
dein Wille geschehe / wie im Himmel, so auf der Erde.
**11** Gib uns heute das Brot, das wir brauchen.
**12** Und erlass uns unsere Schulden, /
wie auch wir sie unseren Schuldnern erlassen haben.

**13** Und führe uns nicht in Versuchung, /
sondern rette uns vor dem Bösen.
**14** Denn wenn ihr den Menschen ihre Verfehlungen vergebt, dann wird euer himmlischer Vater auch euch vergeben.
**15** Wenn ihr aber den Menschen nicht vergebt, dann wird euch euer Vater eure Verfehlungen auch nicht vergeben.

## Anregungen zur Weiterarbeit

1. Erarbeiten Sie den Aufbau des Vaterunsers **M 16**. Lesen Sie hierzu vertiefend **M 17**.
2. Formulieren Sie die Intention des Vaterunsers.
3. Erklären Sie, warum dieses Gebet als ‚Zentrum der Bergpredigt' bezeichnet werden kann.
4. Arbeiten Sie anhand von **M 18** die Bedeutung der Bitte „dein Reich komme" (V. 10) heraus.

## M 17 Hubertus Halbfas: Anmerkung zum Vaterunser

Innerhalb der „Lehre auf dem Berg" wirken die Ausführungen zum Beten und die Wiedergabe des Gebetes Jesu wie ein ausführlicher Exkurs. Einleitend wird den „Heuchlern" vorgeworfen, sich betend der öffentlichen Wahrnehmung zu präsentieren, und den „Heiden", sinnlos zu plappern und viele Worte zu machen, doch sind solch globale Vorwürfe „Jesu" wohl mehr Ausdruck matthäischer Polemik als die Stimme des historischen Jesus. Immerhin gilt: Das Gebet soll frei von selbstsüchtigen Beimischungen sein.
Die Anrede Gottes als „Vater", zumal mit dem aramäischen *abba*, ist von Theologen meistens als Ausdruck eines exklusiven Gottesverhältnisses gewertet worden, das Jesus von seiner jüdischen Tradition und Mitwelt deutlich abhebe. In „ganz einmaliger Weise" kennzeichne das Abba-Wort die „traut-familiäre" Gottesbeziehung Jesu. Verbunden wird mit dieser Heraushebung Jesu aus seinem Volk eine Abstufung der jüdischen Glaubenswelt. Etwa: Das in der Gottesbeziehung Jesu begründete christliche Kindschaftsverhältnis zu Gott übertreffe an Intimität alle im Judentum gegebenen Möglichkeiten (Gerhard Kittel).
Dagegen stehen diese Erkenntnisse: In der Jüdischen Bibel wird Gott fünfzehn Mal als Vater bezeichnet, ungeachtet der zahlreichen Vergleiche Gottes mit einem Vater, etwa Hos 11,1–11 oder Jer 31,20: „Ist nicht Efraim mein teurer Sohn, ist er nicht mein Lieblingskind? … Mein Herz stürmt ihm entgegen, ich muss mich seiner erbarmen, spricht Jahwe." Auch war das aramäische Abba kein kindliches Lallwort, sondern Anredeform des Vaters seitens erwachsener Söhne und Töchter. Belegt ist die Übertragung auf Gott im Diasporajudentum. Innerhalb des palästinischen Judentums begegnet in aramäischen Umschreibungen zur Jüdischen Bibel ebenfalls die Anrede Gottes als *abba* – „mein Vater", so dass sich zwischen dem Sprachgebrauch Jesu und dem des zeitgenössischen Judentums kein grundsätzlicher Unterschied nachweisen lässt.
Die Gebetsanrede „Unser Vater im Himmel" eröffnet die folgenden sieben Bitten und ist zugleich deren Fundament. „Vater" als Metapher für Gott schließt den Erwählungsglauben ein und weckt Gedanken an die Liebe, Fürsorge und Barmherzigkeit. Die Ergänzung „… im Himmel" verweist auf die Jenseitigkeit und Andersartigkeit Gottes. So sehr Gott als Vater nahe ist, bleibt er in allem doch transzendent.
Auf die drei Du-Bitten (dein Name …, dein Reich …, dein Wille …) folgen vier Wir-Bitten, die etwas länger sind.
V 9b: In der Bibel vertritt der Name immer die Person und erschließt ihr Wesen. Doch gibt sich Gott in seinem Namen nur auf den Menschen hin und als der „Ich bin der Ich bin da" und bleibt darüber hinaus Geheimnis. Sein verborgener Name wird geheiligt, wenn Welt und Mensch ihn durch ihr Dasein preisen und den Enteigneten und Vergewaltigten ihre menschliche Würde wiedergeben.
V 10a: Mit der Bitte, Gottes Reich möge kommen, ist das Schlüsselwort der Botschaft Jesu genannt, das sich aus der Summe seiner Gleichnisse und Worte jedoch nicht griffig zusammenfassen lässt. Zentral mag die Reich-Gottes-Metapher im Bild des Festmahls aufleuchten, zu dem alle geladen sind. Doch gehört dieses „Reich" nicht bloß der Zukunft, sondern ist schon „mitten unter uns" (Lk 17,21), wenn sich ihm der Mensch in seinem Denken, Handeln und Reden öffnet.
V 10b: Den Willen Gottes interpretiert Matthäus besonders mit der „Rede auf dem Berg", entfaltet ihn jedoch auch im übrigen Reden und Tun Jesu und macht ihn in dieser Vermittlung für die Gemeinde verpflichtend. Wo Gottes Wille angenommen und befolgt, sein Name geheiligt wird, verwirklicht sich die „Herrschaft" Gottes; in diesem Verständnis deuten sich die ersten drei Bitten wechselseitig.
Die folgenden Wir-Bitten wenden sich dem Menschen zu. Die Sätze werden länger und formulieren die Bedrängnis, in die der Mensch geraten kann.
Die Brotbitte (V 11) richtet sich nicht allein auf Brot und Nahrung, sondern auf alles, was zum Leben notwendig ist. Das freilich mag im Gang der Zeit unterschiedlich gesehen werden. Wenn in der Jesus-Situation bettelarme Wandercharismatiker diese Bitte sprachen, im Vertrauen auf Gott, dass er sie nicht verhungern lasse, so hat sich für die matthäische Gemeinde diese Haltung in ein allgemeines Grundvertrauen gewandelt.
Die fünfte Bitte (V 12) verschränkt die Vergebungsbitte mit Gegenseitigkeit. Damit berührt sich eine deutliche Position der in der Mischna gesammelten Lehrsätze: „Wenn jemand sagt: ‚Ich werde sündigen, denn der Versöhnungstag wird mir Sühne bringen', dann wird der Versöhnungstag keine Sühne bringen für die Sünden, die der Mensch gegen Gott begangen hat. Für Sünden gegen Mitmenschen kann der Versöhnungstag keine Sühne bringen, bis man vom Mitmenschen Verzeihung erlangt hat" (Joma 8,9). Im Gebet Jesu liegt diese Einstellung erstmals in Gebetsform zusammengefasst vor. Wie sehr diese Haltung die Sichtweise Jesu kennzeichnet, belegen viele weitere Worte: z. B. Mt 5,7; 7,2; 18,21 f.; Lk 6,36.37.
Die sechste Bitte, vor Versuchung bewahrt zu bleiben (V 13a), meint keine alltäglichen, sondern die existentiell betreffende Versuchung, in der sich der Mensch selbst verliert und alle Jüngerschaft an ihr Ende kommt.

Die positive Wendung der siebten Bitte, von dem Bösen gerettet zu werden, blickt auf eine Realität, die in dieser Welt strukturell begegnet: in Institutionen, Vorurteilen, Traditionen, die jenen, die darin sozialisiert werden, zum Verhängnis werden. Das macht den Mensch einerseits zum Opfer, doch als Opfer erneut zum Täter. So lässt ihn das Böse nicht los. Die Nachfolge Jesu fordert einen Durchbruch aus diesem Zirkel, der den Menschen für den Menschen befreit. – Die zwei letzten Verse lassen sich als Fußnoten zur Vergebungsbitte lesen. Präzise wird klar gemacht: Menschliches Vergeben ist Bedingung für göttliches Vergeben.

## M 18 Joseph Ratzinger/Benedikt XVI.: Dein Reich komme

Mit dieser Bitte anerkennen wir zuallererst den Primat Gottes: Wo er nicht ist, kann nichts gut sein. Wo Gott nicht gesehen wird, verfällt der Mensch und verfällt die Welt. In diesem Sinn sagt der Herr zu uns: „Sucht zuerst das Reich (Gottes) und seine Gerechtigkeit, dann wird euch alles andere dazugegeben“ (Mt 6,33). Mit diesem Wort ist eine Ordnung der Prioritäten für das menschliche Tun, für unsere Haltung im Alltag gesetzt.
Keineswegs wird uns ein Schlaraffenland verheißen für den Fall, dass wir fromm sind oder das Reich Gottes irgendwie möchten. Es wird kein Automatismus einer funktionierenden Welt vorgegeben, wie ihn die Utopie der klassenlosen Gesellschaft vorstellte, in der alles von selbst gut gehen würde, nur weil es kein Privateigentum gibt. So einfache Rezepte liefert uns Jesus nicht. Aber er setzt – wie gesagt – eine alles entscheidende Priorität: „Reich Gottes“ heißt „Herrschaft Gottes“, und das bedeutet: Die Maßstäblichkeit seines Willens wird angenommen. Dieser Wille schafft Gerechtigkeit, zu der es gehört, dass wir Gott sein Recht geben und darin den Maßstab für das Recht unter den Menschen finden. […]
Mit der Bitte: „Dein Reich komme“ (nicht unseres!), will uns der Herr genau auf diese Art des Betens und der Ordnung unseres Handelns hinführen. Das Erste und Wesentliche ist das hörende Herz, damit Gott herrsche und nicht wir. Das Reich Gottes kommt über das hörende Herz. Das ist sein Weg. Und darum müssen wir immer wieder bitten.

## M 19 Silbermond: Krieger des Lichts

Sei wie der Fluss, der eisern ins Meer fließt
Der sich nicht abbringen lässt egal wie schwer's ist
Selbst den größten Stein fürchtet er nicht
Auch wenn es Jahre dauert bis er ihn bricht
Und wenn Dein Wille schläft, dann weck ihn wieder
Denn in jedem von uns steckt dieser Krieger
Dessen Mut ist wie ein Schwert
Doch die größte Waffe ist sein Herz.

Lasst uns aufstehn
Macht Euch auf den Weg
An alle Krieger des Lichts
An alle Krieger des Lichts
Wo seid Ihr
Ihr seid gebraucht hier
Macht Euch auf den Weg
An alle Krieger des Lichts
An alle Krieger des Lichts
Das hier geht an alle Krieger des Lichts

Hab keine Angst vor Deinen Schwächen
Fürchte nie Deine Fehler aufzudecken
Sei bedacht, beruhigt und befreit
Sei auch verrückt von Zeit zu Zeit
Lass Dich nicht täuschen, auch wenn's aus Gold ist
Lass Dich nicht blenden, erst recht von falschem Stolz nicht
Lerne vergeben und verzeihen
Lerne zu fesseln und zu befreien

Lasst uns aufstehn
Macht Euch auf den Weg
An alle Krieger des Lichts
An alle Krieger des Lichts
Wo seid Ihr
Ihr seid gebraucht hier
Macht Euch auf den Weg
An alle Krieger des Lichts
An alle Krieger des Lichts
Das hier geht an alle Krieger des Lichts

Und er kennt seine Grenzen und geht trotzdem zu weit
Kein Glück in der Ferne nach dem er nicht greift
Seine Macht ist sein Glaube
Um nichts kämpft er mehr
Und das immer und immer wieder
Deswegen ist er ein Krieger
Das ist ein Aufruf
Und das hier geht
An alle Krieger
An alle Krieger

Das ist ein Aufruf
Und dieser Aufruf geht
An alle Krieger des Lichts
An alle Krieger des Lichts
Das hier geht an alle Krieger des Lichts

Krieger des Lichts
T: Kloss, S. / Nowak, A. / Stolle, J. / Stolle, T.


## M 20 Britta Baas: Religion und Instinkt

„Ich bin überzeugt, dass die Religion von den Menschen kommt […]. Religion hat etwas mit Instinkt zu tun. Und gemeinhin haben die Menschen gute Instinkte, sonst wären sie nicht religiös.“
So sprach's Sir Peter Ustinov einst in einem Interview.
Ob er jemals die Bergpredigt gelesen hat? Gebildet, wie er war, ganz sicher. Vielleicht hat er die oben zitierte Lebensweisheit auch aus dieser Lektüre gezogen, denn im Grunde handelt die gesamte Jesus-Ansprache an die um ihn versammelten Hörerinnen und Hörer von Religion – und vom

Instinkt. Das kulminiert in der von Jesus laut Matthäusevangelium verkündeten Goldenen Regel, die da lautet: »Was du nicht willst, das man dir tu, das füg' auch keinem andern zu!« Auf Biblisch heißt der Satz natürlich: „Alles, was ihr also von anderen erwartet, das tut auch ihnen!" (Zitiert nach der Einheitsübersetzung.)

Instinkt zeigt nach dem bei Matthäus erzählten Bergpredigt-Ereignis auch Jesus selbst. Nicht nur mit dieser Goldenen Regel. Sondern vor allem mit dem äußeren Rahmen, den er für seine Ansprache wählt. Man schaue sich Anfang und Ende der Bergpredigt an! Die Rahmenhandlung sozusagen. Es beginnt alles wie folgt: „Als Jesus die vielen Menschen sah, stieg er auf einen Berg. Er setzte sich, und seine Jünger traten zu ihm. Dann begann er zu reden und lehrte sie."

Und am Schluss? Da heißt es: „Als Jesus diese Rede beendet hatte, war die Menge sehr betroffen von seiner Lehre; denn er lehrte sie wie einer, der göttliche Vollmacht hat, und nicht wie ihre Schriftgelehrten."

Zum einen ist es das Geheimnis der Erfahrung: Jesus macht ein authentisches Erlebnis von „göttlicher Vollmacht" möglich. Die, die zu ihm gekommen sind, können damit eine zentrale Kategorie des Religiösen individuell erfahren. Die das Ganze tragende Inszenierung ist perfekt: Jesus sucht einen erhöhten Platz, wird von der der Menge bekannten Ingroup umringt und damit vor aller Augen gestärkt. Dann erst wendet er sich auf höchst persönliche Weise den wartenden Menschen zu, indem er ihnen zur Einleitung seiner Rede vermittelt: „Ihr alle, die ihr hier seid, seid selig (im griechischen Wortlaut „glücklich"), egal woher ihr kommt, wohin ihr geht und was ihr sonst so tut! Ihr müsst nicht erst eine Reihe von Leistungen erbringen, damit ich euch dies als Belohnung zusage – ich sage es euch einfach so." Die Menschen machen also die Erfahrung der Bestärkung und Bestätigung durch Jesus. Auch da, wo er ihnen zuruft: „Ihr seid das Salz der Erde! Ihr seid das Licht der Welt!"

Zum anderen spricht die Rahmenhandlung vom Geheimnis der Entscheidung: Die Menschen sind „betroffen" von dem, was Jesus gesagt hat. Das der Bergpredigt nachfolgende Kapitel 8 beginnt mit dem lapidaren Satz: „Als Jesus vom Berg herabstieg, folgten ihm viele Menschen." Was sagt der Endredakteur dieses Evangeliums damit? Er zieht die Schlussfolgerung aus der Wort- und Spiritualitätsmächtigkeit Jesu: Er war so überzeugend, dass viele sich entscheiden, ihm zu folgen. Diesen Weg – den Weg, den Jesus in der Bergpredigt eröffnet – wollen sie künftig gehen. Die Entscheidung der vielen ist dabei zuallererst die Entscheidung zu persönlicher Wahrhaftigkeit. Wahrhaftigkeit hat nichts mit dem Nachvollzug von Dogmen zu tun. Sondern mit dem Mitgehen des wahrhaftigen Weges Jesu. Die Reflexion über „Gottes Wort", die persönliche Entscheidung, der unbedingte Wille zur Wahrhaftigkeit und werteorientiertes, im weitesten Sinne „politisches" Verhalten fallen in eins: Die Bergpredigt formuliert damit eine Befreiungstheologie, die nichts an Aktualität eingebüßt hat.

## Anregungen zur Weiterarbeit

1. Formulieren Sie die Intention des Liedes **M 19**.
2. Beschreiben Sie die Charakteristika der „Krieger des Lichts". Arbeiten Sie auch über den Text hinaus, indem Sie weitere Charakteristika nennen, die diese Krieger haben müssen, um erfolgreich für ihre Sache zu kämpfen. Stellen Sie sich die Frage, wer diese Kriegerrolle einnehmen kann.
3. Gestalten Sie auf dieser Grundlage ein Statement der Krieger des Lichts: Was ist ihre Motivation? Warum handeln sie so? Mit welchen Widerständen und Hindernissen rechnen sie? Welche Ziele haben sie? etc.
4. Erläutern Sie, inwiefern der Liedtext Inhalte der Bergpredigt bzw. der Reich-Gottes-Botschaft aufgreift.
5. Erläutern Sie anhand von **M 20** die Wirkung und den Aktualitätsbezug der Bergpredigt.
6. Setzen Sie sich mithilfe Ihrer bisherigen Ergebnisse zur Bergpredigt mit deren Botschaft und einer möglichen Umsetzung der Worte Jesu in der heutigen Zeit auseinander. Wählen Sie dazu das Zitat der Bergpredigt, das Sie rückblickend am eindrucksvollsten, aussagekräftigsten empfinden und erläutern Sie es ausführlich.

## 2.4 Blinde sehen, Lahme gehen … – Die Wundertaten Jesu

### M1 Nena: Wunder geschehn

Auch das Schicksal
Und die Angst kommt über Nacht
Ich bin traurig
Gerade hab ich noch gelacht
Und an so was Schönes gedacht

Auch die Sehnsucht
Und das Glück kommt über Nacht
Ich will lieben
Auch wenn man dabei Fehler macht
Ich hab mir das nicht ausgedacht

Wunder geschehen
Ich hab's geseh'n
Es gibt so vieles was wir nicht versteh'n
Wunder geschehen
Ich war dabei
Wir dürfen nicht nur an das glauben was wir seh'n

Immer weiter
Immer weiter geradeaus
Nicht verzweifeln
Denn da holt dich niemand raus
Komm steh selber wieder auf

Was auch passiert
Ich bleibe hier
Ich geh den ganzen langen Weg mit dir
Was auch passiert
Wunder geschehen
Wunder geschehen
Was auch passiert
Wunder geschehen

Wunder gescheh'n
T: Kerner, Nena


### Anregungen zur Weiterarbeit

1. Stellen Sie den Gedankengang des Liedtextes M1 dar.
2. Erläutern Sie, wie hier der Begriff „Wunder" definiert wird. Ergänzen Sie diese Definition durch Ihre eigenen Ansichten zum Thema Wunder. Wann sprechen Sie beispielsweise von einem „Wunder"? Wann und in welchen Kontexten verwenden Sie den Begriff? Lesen Sie vertiefend M2 und M3 und fundieren Sie damit Ihre Definition.
3. Belegen Sie Ihre Ergebnisse anhand von Beispielen.

### M2 Zeichen/Wunder

Der „Zufall" muss für alle jene Zusammenhänge herhalten, die wir uns nicht erklären können. Wer gewohnt ist, alles zu ergründen und auf seine Ursachen hin zu hinterfragen, nimmt besonders häufig zu diesem seltsam schillernden Wort Zuflucht, wenn er mit Fakten konfrontiert wird, die eigentlich so gar nicht geschehen sein können. „Also schließt er messerscharf, dass nicht sein kann, was nicht sein darf" – wäre die eine Lösung. Man kann aber in vielen Situationen nicht einfach leugnen oder abstreiten, was nicht zu übersehen ist. In solchen Fällen tritt dann der Zufall auf den Plan. Etymologisch gesehen, ist er das Unerwartete, Unvorhergesehene, mit dem man nicht rechnen konnte. Es steckt aber auch viel von Zuteilwerden und Geschenktbekommen darin. Beide Male sind Ursachen im Spiel, die man nicht überblickt, die sozusagen „von außen" dazukommen. Für den Rationalisten, der meint, alles mit seinem logischen Verstand erklären und begründen zu können, ist das bitter. Es kann nichts „außerhalb" des Einsichtigen und Erklärbaren geben – wenn doch, war es ein „Zufall", der in Zukunft möglichst ausgeschaltet werden muss. Nichts darf dem Zufall überlassen bleiben! ist die Parole dieser Menschen.
Dann gibt es aber immer wieder Ereignisse, die auch mit „Zufall" nicht erklärt werden können, weil Ursache und Wirkung zwar klar auf der Hand liegen, aber nicht zusammenpassen. – Jesus sagt etwa zu einer Toten, die eben gestorben ist und schon für das Begräbnis vorbereitet wird: „Mädchen, ich sage dir, steht auf." Und sie ist lebendig und gesund (vgl. Mk 5,41). Oder die Jünger fahren über den See Genesareth und geraten in einen Sturm. Jesus schläft. Sie wecken ihn, und er sagt zu den tobenden Elementen: „Schweig und sei still!" Der Wind legt sich sofort, und es trat völlige Stille ein (Mk 4,38 f). Viele solche Wunder werden von Jesus, aber auch von vielen anderen religiösen Persönlichkeiten erzählt. Sie erwecken Tote, gebieten über Naturkräfte, heilen Kranke, materialisieren und dematerialisieren, wissen voraus, wissen Entferntes, können Gedanken lesen, sehen Unsichtbares […] und dergleichen mehr. Alle diese Menschen tun etwas „Unmögliches", was ein gewöhnlicher Mensch nicht kann; sie aber können es. Sind sie keine gewöhnlichen Menschen? Sie sind Menschen wie wir, aber sie verfügen über ungewöhnliche Kräfte. Wenn es sich um besondere seelische, geistige oder körperliche Kräfte handelt, die jeder Mensch anlagenhaft hat, die aber bei diesen Menschen entfaltet und hoch entwickelt sind, spricht man von „Ungewöhnlichem", „Außergewöhnlichem", von PSI-Kräften, ASW (= Außersinnliche Wahrnehmung) und dergleichen. Die sogenannte Paranormologie (Parapsychologie) erforscht diese Phänomene, die gewöhnlichen Menschen als Zufall oder Wunder erscheinen mögen, die aber – das Außergewöhnliche vorausgesetzt – durchaus erklärbar sind – freilich nicht mit dem logischen Verstand und den fünf Sinnen allein.
Wenn es um Kräfte geht, über die ein Mensch nicht verfügt (z. B. Tote auferwecken, Sturm zum Stillstand bringen), die aber durch ihn hindurch zur Wirkung kommen, so spricht

man von „Zeichen" (das vom Betreffenden gewirkt wird) oder von „Wunder" (das göttliche Macht durch die Vermittlung eines Menschen zur Anwendung bringt). Menschen, die Wunder wirken bzw. durch die wundersame Wirkungen geschehen, sind „Medien" (Mittler) vom Jenseits herein in das Diesseits. Sie machen deutlich, dass die Natur nicht alles ist, dass vieles in dieser Welt über diese Welt hinausweist (Transzendenz), dass aber die „Übernatur" in die Natur hereinwirkt.
Gott ist der Herr über die Natur und über die Übernatur. Nichts ist dem Zufall überlassen („Zufall" erweist sich so als ein Deckname für Gott!). Die einzelnen Sphären und Bereiche im Universum sind nicht in sich geschlossen, sondern „durchlässig": Die höherentwickelten wirken auf die niederentwickelten ein.
Der Mensch ist von seinen Möglichkeiten her ein Bürger des Himmels. Als Erdenbewohner muss er – in der Gottferne! – lernen, mit Gottes Macht und Kräften zu rechnen und zu leben. Was ihm als „Wunder" erscheint, ist von einer übergeordneten Perspektive gesehen ein „Zeichen" für die Ewigkeits-Struktur der Schöpfung und ein Hinweis auf die „Anwesenheit" Gottes in seiner Welt.

## M 3 Peter Kliemann: Wunder (im biblischen Kontext)

In allen Evangelien wird berichtet, Jesus habe Wunder gewirkt. Für die Evangelisten stehen die von ihnen überlieferten Wunder Jesu in einem engen Zusammenhang mit seiner Reich-Gottes-Botschaft. Dass das Reich Gottes anbricht, wird [...] von Jesus nicht nur behauptet, sondern wird auch physisch und sinnlich erfahrbar. Jesu Wunder sind insofern greifbare Zeichen des anbrechenden Gottesreiches (vgl. dazu Mt 11,2–5).
Die Krankenheilungen zeigen, dass es im Reich Gottes keine Krankheiten mehr gibt. Die Speisung der 4000 oder 5000 (Mk 8,1–9 par; Mk 6,30–44 par) zeigt, dass es im Reich Gottes keinen Grund zur Angst mehr gibt. All dies fängt hier mit Jesus „schon" an, aber es ist, weil es immer noch Krankheit, Hunger und Angst auf Erden gibt, „noch nicht" ungebrochene Realität.
Doch haben sich diese Wunder auch wirklich so ereignet? Oder noch allgemeiner gefragt: Gibt es überhaupt Wunder? Zunächst einmal wird man sich klar machen müssen, dass Wunder etwas sehr Subjektives sind: Wenn einem ein ungewöhnliches, die Kategorien der Alltagswahrnehmung sprengendes Ereignis widerfährt, und zwar in der Regel ein als positiv erlebtes Ereignis, dann kann einem das als „Wunder" erscheinen – unabhängig davon, ob andere das Ereignis vielleicht „ganz rational" erklären können. Das subjektive Erleben geht nie ganz in den Erklärungsmustern auf. Wenn z. B. Mose in der Wüste mit einem Stab an einen Stein klopft, aus dem dann Wasser fließt (vgl. 2. Mose 17,1–7), dann war das für das dürstende Volk Israel zweifellos ein Wunder, auch wenn wir heute wissen, dass es in der Wüste gar nicht selten im Sand verkrustete Felsen gibt, aus denen, wenn man den Sand abklopft, Wasser rinnt, das Ganze für uns also gar kein so unerklärlicher Vorgang ist.
Bemerkenswert ist weiter, dass „Wunder" nach biblischer Sicht auch von falschen Propheten und Dämonen bewirkt werden können (vgl. z. B. Mt 24,24; z. B. 2. Thess 2,9).
Der Begriff war in biblischen, sozusagen vorwissenschaftlichen Zeiten also eine gängige Erklärungsweise für ungewöhnliche Ereignisse und Erfahrungen schlechthin, wobei noch keineswegs ausgemacht war, ob diese Ereignisse und Erfahrungen auch Ausdruck göttlichen Willens sind.
Meint der Begriff „Wunder" also eine Relativierung und Infragestellung unseres „normalen" Wirklichkeitsverständnisses, dann müssen Christen in der Tat an die Möglichkeit von Wundern glauben, denn ein Kerngedanke des biblischen Gottesglaubens ist, dass der Gott der Bibel nicht an unsere Denk- und Wahrnehmungskategorien gebunden ist, sondern sie immer wieder in Frage stellt (vgl. dazu z. B. 2. Mose 3,14 oder 1. Kor 1,18 ff.). Letztlich geht es bei der Frage nach der Möglichkeit von Wundern um die Frage, ob wir mit einem geschlossenen, in gewisser Weise bornierten Wirklichkeitsverständnis, das auch mit grundsätzlich neuen und unerwarteten Phänomenen rechnet, an die Welt und unsere Mitmenschen herangehen wollen.
Dabei ist es allerdings eine unglückliche Redeweise, zu sagen, dass Gott bei Wundern „die Naturgesetze außer Kraft setzt". Sogenannte Naturgesetze sind ihrem eigenen Anspruch nach nur mehr oder weniger erhärtete Hypothesen, die gegebenenfalls auch wieder zurückgenommen oder modifiziert werden müssen. Es gibt im Bereich der Parapsychologie oder der psychosomatischen Medizin z. B. bis heute Phänomene, die man sich mit den gängigen Denkmodellen der Naturwissenschaften überhaupt nicht erklären kann.

## M 4 Lothar Bauerochse: Das kann kein Zufall sein ...

*Eine Allensbach-Studie belegt die wachsende Wundergläubigkeit der Deutschen.*

Die Soziologen sind einem wundersamen Trend auf die Spur gekommen. Nicht nur, dass die Deutschen überhaupt freudiger zu glauben scheinen als noch vor ein paar Jahren.
Das renommierte *Institut für Demoskopie* in Allensbach hat kürzlich herausgefunden: Die Deutschen sind Wunderberichten gegenüber gar nicht abgeneigt. Im Gegenteil: Sie glauben heute sogar mehr an Wunder als noch vor sechs Jahren. Auf die Frage „Glauben Sie an Wunder?" antwortete jeder Zweite, 56 Prozent, mit Ja. Vor sechs Jahren war es nicht einmal jeder Dritte. Nur 29 Prozent outeten sich damals als wundergläubig.
Erstaunlich ist, was von den Befragten als Wunder empfunden wird: dass zum Beispiel jemand eine drohende Gefahr im Voraus spürt; dass es einen Schutzengel gibt; dass man mit einem entfernten Menschen in einer inneren Verbindung stehen kann. Nur bei 30 Prozent der Deutschen regiert in Sachen Wunder die Nüchternheit. Sie sagen, das, was andere Wunder nennen, sei doch eigentlich nur reiner Zufall.
Bemerkenswert sei, so die Allensbacher Meinungsforscher, dass der Wunderglaube keineswegs den Geruch von Naivität und Leichtgläubigkeit habe. Menschen mit einfacher Schulbildung glauben nicht häufiger an Wunder als Hochgebildete. Selbstständige glauben sogar öfter an Wunder als Facharbeiter.

Egal, ob alt oder jung: Der Glaube an Wunder ist gesellschaftlich akzeptiert, keiner muss sich schämen, darüber zu reden. Und: viele sagen, sie hätten schon einmal etwas Wundersames erlebt. Jeder Fünfte hat schon einmal die Erfahrung gemacht, dass ihm in einer schwierigen Situation unerwartet geholfen wurde, 15 Prozent sagen, sie hätten einen Unfall unbeschadet überstanden und bezeichnen das als ein „echtes Wunder". Fast jeder Vierte berichtet von Erlebnissen mit Schutzengeln.
Wenig überraschend ist die Erkenntnis, dass der Glaube an Wunder eng mit dem Gottesglauben zusammenhängt. Darauf ist es wohl zurückzuführen, dass 59 Prozent der Westdeutschen sagen, sie glauben an Wunder, aber nur 45 Prozent der Ostdeutschen.
Protestanten sind nach der Allensbach-Umfrage übrigens mit 66 Prozent leicht wundergläubiger als ihre katholischen Glaubensgenossen. Die bringen es nur auf 64 Prozent.

### M 5 Fulbert Steffensky: Der Wunsch nach ...

*Der Wunsch nach Sensation:* Viele Menschen halten offensichtlich die Normalität nicht mehr aus; die ausgeleuchteten Räume, in denen alles seine Erklärung und seine vernünftige Begründung hat. Es ist, als ob sie gegen alle Vernunft die Schatten, die dunklen und die gefährlichen Höhlen des Lebens suchten. Was uns da im hellen Licht der Aufgeklärtheit entgegenkommt, kann doch nicht alles sein. Es muss doch ein Geheimnis der Welt geben! Es muss doch mehr geben als die fade Aufgedecktheit und Erklärtheit des Lebens! So suchen sie Stellen, an denen das Fremde und Nicht-Erklärliche erscheint; es mag aus dem Himmel oder aus der Hölle kommen. Ich vermute, dass sich für solche Sehnsüchte Satansmessen und Marienerscheinungen nicht wesentlich unterscheiden. Die Aufklärung war als Ausgang des Menschen aus der selbstverschuldeten Unmündigkeit unsere große Befreiung, und sie hat das Leben für viele lebbar gemacht. Aber die Beschränkung des Geistes auf Erklärlichkeiten und auf lösbare Fragen, die Eindimensionalität des Denkens und der Verzicht auf das Geheimnis lassen uns offensichtlich tief unbefriedigt. So ist die Suche nach der Sensation ein Wunsch von verdrehter Richtigkeit.

*Der Wunsch nach dem Zeichen:* auch dies ein verständlicher Wunsch. Der Himmel soll nicht verschlossen sein, und das Leben soll nicht ungedeutet bleiben. Die Welt soll lesbar sein, und das Leben soll nicht aus dumpfen Zufälligkeiten bestehen. Die Zeichen machen die Welt und den Lebensweg erklärbar. Die Bibel ist voll von den Wünschen nach einem Zeichen: Als Gideon zum Richter im Land bestellt wird, erbittet er von Gott ein Zeichen: „Mache mir doch ein Zeichen, dass du es bist, der mit mir redet!" Der König Hiskia erbittet von Gott ein Zeichen dafür, dass er aus seiner schweren Krankheit genesen wird. Der Schatten der Sonnenuhr geht zum Zeichen 10 Striche rückwärts. Ahas soll sich ein Zeichen dafür wünschen, dass die Ansage des Propheten von Gott kommt. Besonders im Alten Testament also werden selbstverständlich Zeichen erbeten und werden sie gewährt. Es werden die Zeiten beklagt, in denen der Himmel ohne Zeichen bleibt. Auch die Wunder des Neuen Testaments sind vor allem Zeichen; Zeichen der neuen Welt, der Messianität Christi, des nahegekommenen Reiches Gottes.

*Der Wunsch nach Heilung:* Der Wunsch, ganz zu sein, ist der verständlichste Wunsch – ganz an Leib, Seele und Geist. Überall, wo die Ganzheit des Menschen gefährdet ist; wo der Mensch im Glück oder im Unglück – in der Trauer, in der Krankheit, in der Nähe des Todes, in der Liebe, im Gelingen – auf die Mitte seiner Existenz stößt, da springt seine Sprache ins Unsagbare; da rechnet seine Sprache schon vor seinem Glauben mit dem Wunder. Sie wird wundersüchtig, offen zu einem Tanz der Wünsche.

## Anregungen zur Weiterarbeit

1. Fassen Sie die wesentlichen Ergebnisse der Allensbacher Umfrage zum Thema Wunder M 4 zusammen.
2. Versuchen Sie zu erklären, warum das Thema Wunder so präsent ist und ermitteln Sie Gründe, warum Menschen an Wunder glauben. Beziehen Sie sich dabei auch auf M 5.
3. Setzen Sie sich mit diesem Glauben an Wunder im Plenum auseinander.

### M 6 Mk 6,32–44: Die Speisung der Fünftausend

32 Sie fuhren also mit dem Boot in eine einsame Gegend,
um allein zu sein. 33 Aber man sah sie abfahren und viele
erfuhren davon; sie liefen zu Fuß aus allen Städten dorthin
und kamen noch vor ihnen an.
34 Als er ausstieg und die vielen Menschen sah, hatte er
Mitleid mit ihnen; denn sie waren *wie Schafe, die keinen*
*Hirten haben*. Und er lehrte sie lange.
35 Gegen Abend kamen seine Jünger zu ihm und sagten:
Der Ort ist abgelegen und es ist schon spät. 36 Schick sie
weg, damit sie in die umliegenden Gehöfte und Dörfer ge-
hen und sich etwas zu essen kaufen können.
37 Er erwiderte: Gebt ihr ihnen zu essen! Sie sagten zu ihm:
Sollen wir weggehen, für zweihundert Denare Brot kaufen
und es ihnen geben, damit sie zu essen haben?
38 Er sagte zu ihnen: Wie viele Brote habt ihr? Geht und
seht nach! Sie sahen nach und berichteten: Fünf Brote und
außerdem zwei Fische. 39 Dann befahl er ihnen, den Leuten
zu sagen, sie sollten sich in Gruppen ins grüne Gras set-
zen. 40 Und sie setzten sich in Gruppen zu hundert und zu
fünfzig.
41 Darauf nahm er die fünf Brote und die zwei Fische,
blickte zum Himmel auf, sprach den Lobpreis, brach die
Brote und gab sie den Jüngern, damit sie sie an die Leute
austeilten. Auch die zwei Fische ließ er unter allen vertei-
len. 42 Und alle aßen und wurden satt.
43 Als die Jünger die Reste der Brote und auch der Fische
einsammelten, wurden zwölf Körbe voll. 44 Es waren fünf-
tausend Männer, die von den Broten gegessen hatten.

### M 7 Hubertus Halbfas: Erläuterung zur Speisung der Fünftausend

Dass die Speisungserzählungen für die früheste christliche Geschichte besondere Bedeutung hatten, machen sechs vorliegende Fassungen deutlich: als Speisung der Fünftausend bei allen Evangelisten (Mk 6,32–44; Mt 14,13–21; Lk 9,10–17; Joh 6,1–15) und als Speisung der Viertausend bei Markus (8,1–9) und Matthäus (15,32–39). Es gilt als gewiss, dass alle sechs Erzählungen einer gemeinsamen Quelle entspringen. Ihre Vorgeschichte dürfte kompliziert verlaufen sein und verdeckt den geschichtlichen Ansatz.
Deutlich sind erneut die Vorgaben aus der Jüdischen Bibel. Da ist das Speisungswunder Elijas in Sarepta sowie in 2 Kön 4 das überlieferte Speisungswunder seines Nachfolgers Elischa:

42 Ein Mann kam von Baal-Schalischa und brachte dem Gottesmann Brot von Erstlingsfrüchten, zwanzig Gerstenbrote, und einen Beutel voll frischer Körner. Er befahl seinem Diener: Gib es den Leuten zu essen! 43 Doch dieser sagte: Wie kann ich das hundert Männern vorsetzen? Er aber sagte: Gib es den Leuten zu essen! Denn so spricht Jahwe: Man wird essen und noch übriglassen. 44 Nun setzte er es ihnen vor. Sie aßen und ließen noch übrig, wie es Jahwe verheißen hatte.

Im Vergleich der Wundertaten Elischas mit denen des Elijas zeigt sich eine deutliche Überbietungstendenz: Elischa soll als der Haupterbe Elijas herausgestellt werden. Elija wirft dem pflügenden Elischa seinen Prophetenmantel über (1 Kön 19,19) und vor seiner Entrückung gesteht er Elischa zu, sich „einen doppelten Anteil" am Geist Elijas wünschen zu dürfen (2 Kön 2,9). Dementsprechend ist die spätere Jüngerschaft Elischas bemüht, den eigenen Meister in seinen Wundertaten größer als Elija erscheinen zu lassen. Als ältester Kern der Speisungsgeschichte von 2 Kön gilt das Trostwort während einer Hungersnot: „Ihr werdet essen und übriglassen" (vgl. 2 Kön 4,38). Als dann die Notzeit vorbei war, erkannte man die Gültigkeit des Prophetenspruchs und entfaltete ihn zu einer Speisungsgeschichte. Möglicherweise knüpft das Trostwort an die Wüstenspeisung an, wie sie in Ex 16 und Num 11 erzählt wird. Dann will es Elischa als den neuen Mose zeigen, der wie Mose vordem die Verheißung Jahwes einlöste, in Hungerzeiten zu essen zu haben und noch übrigzulassen.
Die aus der Speisungstradition geschöpfte Hoffnung fand eine Stütze in der Vorstellung Gottes als Hirt seines Volkes. Bei Hosea 13,5 sagt er: „Ich habe dich in der Wüste auf die Weide geführt, im Land der glühenden Hitze", und im Psalm 78 verwebt sich das Motiv der Mannaspeisung mit dem Hirtenmotiv und dem Thema der Mahlgemeinschaft zugleich: Sie sprachen: Kann uns Gott den Tisch auch in der Wüste decken? Wohl schlug er den Felsen und Wasser flossen, Bäche strömten. Kann er aber auch Brot geben und sein Volk mit Fleisch versorgen? Das hörte Jahwe und ward zornig … Dennoch gebot er den Wolken droben und öffnete die Tore des Himmels. Er ließ Manna auf sie regnen als Speise, er gab ihnen Brot vom Himmel. Da aßen die Menschen Wunderbrot; Gott gab ihnen Nahrung in Fülle … Alle aßen und wurden satt (Ps 78,19–21; 23–25; 29).

In Psalm 23 stehen die Themen Hirt und Gastmahl direkt nebeneinander: „Jahwe ist mein Hirt, nichts wird mir mangeln. Er lässt mich lagern auf grünen Auen und ruhen am frischen Wasser." In Qumran-Schriften drückt sich in dieser Metaphorik messianische Erwartung aus, wie die Zeit überhaupt damit schwanger ging, so dass die Jesusbewegung diese Sichtweise für sich übernahm und Jesus als den neuen Mose deutete: Das Volk lagert sich in der Wüste nach der mosaischen Ordnung „zu hundert und fünfzig" (V 40; Ex 18,25), jedoch findet nun die Mannaspeisung und auch die Brotvermehrung des Elischa ihre unüberbietbare Steigerung. Jesus erscheint als guter Hirt und Gastgeber seines Volkes.
Die Meinung, in den Speisungsgeschichten bereits eine Ausrichtung auf die frühchristliche Eucharistie erkennen zu können, findet zunehmenden Widerspruch. Die Erzählung ist „von vornherein symbolisch angelegt" (Rudolf Pesch), was auch für die Zahlenangaben gilt. Sie greift nirgendwo auf konkrete Vorgänge im Leben Jesu zurück. Markus verbindet mit der in langer Tradition vorgebildeten Szene das Bild des messianischen Lehrers, der sein Volk mit dem Brot der Lehre speist.
Auf den Vorschlag der Jünger, die Leute wegzuschicken, „damit sie hingehen in die Dörfer und sich selber Speise kaufen" (V 15) lässt Markus Jesus antworten: „Gebt *ihr* ihnen zu essen!" Das ist eine überraschende Akzentuierung, die Matthäus und Lukas mitübernommen haben. Des Weiteren wird die Gemeinde nicht unmittelbar von Jesus gespeist, sondern durch Vermittlung der Jüngerschaft. Selbst die Tischordnung sollen die Jünger regeln und „den Leuten sagen, sich in Gruppen ins Grüne zu setzen" (V 39). Und schließlich wird das Brot nur von den Jüngern ausgeteilt (V 41), die auch die Mahlreste wieder einsammeln (V 43): Ein beachtenswertes Beispiel, wie Markus in die zu Jesu Zeiten offene Mahlsituation hier eine Hierarchie- und Autoritätsstruktur einführt.

### Anregungen zur Weiterarbeit

1. Erläutern Sie, warum und inwiefern es sich bei Mk 6,32–44 M 6 um ein Wunder handelt.
2. Gestalten Sie einen Dialog zwischen den Menschen, die durch das Brot gespeist werden: Wie nehmen sie das Geschehnis wahr? Was denken sie über Jesus? Wie deuten sie diese „Brotvermehrung"? Nehmen Sie dabei auf M 7 Bezug.
3. Fassen Sie Ihre Interpretation des Wunders in M 6 pointiert zusammen.

### M 8 Mk 5,21–43: Die Auferweckung der Tochter des Jaïrus und die Heilung einer kranken Frau

**21** Jesus fuhr im Boot wieder ans andere Ufer hinüber und eine große Menschenmenge versammelte sich um ihn. Während er noch am See war, **22** kam ein Synagogenvorsteher namens Jaïrus zu ihm. Als er Jesus sah, fiel er ihm zu Füßen **23** und flehte ihn um Hilfe an; er sagte: Meine Tochter

liegt im Sterben. Komm und leg ihr die Hände auf, damit sie
wieder gesund wird und am Leben bleibt.
24 Da ging Jesus mit ihm. Viele Menschen folgten ihm und
drängten sich um ihn. 25 Darunter war eine Frau, die schon
zwölf Jahre an Blutungen litt. 26 Sie war von vielen Ärz-
ten behandelt worden und hatte dabei sehr zu leiden; ihr
ganzes Vermögen hatte sie ausgegeben, aber es hatte ihr
nichts genutzt, sondern ihr Zustand war immer schlimmer
geworden. 27 Sie hatte von Jesus gehört. Nun drängte sie
sich in der Menge von hinten an ihn heran und berührte
sein Gewand. 28 Denn sie sagte sich: Wenn ich auch nur
sein Gewand berühre, werde ich geheilt. 29 Sofort hörte
die Blutung auf und sie spürte deutlich, dass sie von ihrem
Leiden geheilt war.
30 Im selben Augenblick fühlte Jesus, dass eine Kraft von
ihm ausströmte, und er wandte sich in dem Gedränge um
und fragte: Wer hat mein Gewand berührt? 31 Seine Jünger
sagten zu ihm: Du siehst doch, wie sich die Leute um dich
drängen, und da fragst du: Wer hat mich berührt?
32 Er blickte umher, um zu sehen, wer es getan hatte.
33 Da kam die Frau, zitternd vor Furcht, weil sie wusste, was
mit ihr geschehen war; sie fiel vor ihm nieder und sagte ihm
die ganze Wahrheit.
34 Er aber sagte zu ihr: Meine Tochter, dein Glaube hat dir
geholfen. Geh in Frieden! Du sollst von deinem Leiden ge-
heilt sein.
35 Während Jesus noch redete, kamen Leute, die zum Haus
des Synagogenvorstehers gehörten, und sagten (zu Jaïrus):
Deine Tochter ist gestorben. Warum bemühst du den Meis-
ter noch länger? 36 Jesus, der diese Worte gehört hatte,
sagte zu dem Synagogenvorsteher: Sei ohne Furcht; glaube
nur! 37 Und er ließ keinen mitkommen außer Petrus, Jako-
bus und Johannes, den Bruder des Jakobus.
38 Sie gingen zum Haus des Synagogenvorstehers. Als Jesus
den Lärm bemerkte und hörte, wie die Leute laut weinten
und jammerten, 39 trat er ein und sagte zu ihnen: Wa-
rum schreit und weint ihr? Das Kind ist nicht gestorben, es
schläft nur. 40 Da lachten sie ihn aus. Er aber schickte alle
hinaus und nahm außer seinen Begleitern nur die Eltern mit
in den Raum, in dem das Kind lag.
41 Er fasste das Kind an der Hand und sagte zu ihm: Tali-
ta kum!, das heißt übersetzt: Mädchen, ich sage dir, steh
auf! 42 Sofort stand das Mädchen auf und ging umher. Es
war zwölf Jahre alt. Die Leute gerieten außer sich vor Entset-
zen.

**Albert von Keller, Die Auferweckung der Tochter des Jairus, 1886, 213 x 353,5 cm, Öl auf Leinwand**

43 Doch er schärfte ihnen ein, niemand dürfe etwas davon
erfahren; dann sagte er, man solle dem Mädchen etwas zu
essen geben.

## M 9 Klaus Hofmeister: Dein Vertrauen hat dich gerettet (Ausschnitt aus einem Interview mit Claudia Janssen, ev. Theologin, und der Zeitschrift Publik-Forum)

**Publik-Forum:** […] [S]piegeln diese Texte tatsächlich nur „Erfahrungen von Sehnsucht", oder kann man doch davon ausgehen, dass Jesus buchstäblich jemanden geheilt hat?

**Claudia Janssen:** Was ist Heilung, was ist Gesundwerden? Die Texte berichten nicht von einer Gesundheit und einer Wiederherstellung in Perfektion, wie wir das heute vielleicht denken, wenn wir an Gesundheit denken. Sie erzählen vom Heilwerden in einem ganzheitlichen Sinne. Zum Beispiel für die Geschichte, die in Markus 5 erzählt wird, von der Frau, die zwölf Jahre lang an Blutfluss litt. Die sagt: „Wenn ich nur das Gewand von Jesus berühre, dann werde ich gerettet." Und dieses Wort Rettung, dahinter steht eine ganzheitliche Vorstellung, ein „Heilwerden in den Augen Gottes". Was sich da ereignet, ist dies: Jesus sagt, er spüre eine Kraft, die von ihm ausgeht, die *dynamis*, und sagt zu der Frau: Dein Vertrauen hat dich gerettet. Hier geht es um eine Beziehung, die stattfindet, die die Frau als Heilwerden versteht. Gerade Menschen, die heute an chronischen Krankheiten leiden, oder Behinderte, sagen oft: „Was erzählt ihr denn diese Geschichten, wir fühlen uns heil und ganz, auch wenn wir nicht gehen können oder von unserer chronischen Krankheit geheilt werden." Das Verstehen von Heilung, von Heilwerden ist ein viel weiteres als nur perfekte Gesundheit. Auch eine Frau, die krebskrank ist und an dieser Krankheit stirbt, kann heil werden im Sinne dieser Geschichte.

**Publik-Forum:** Aber dennoch, Frau Janssen, muss ich nachhaken, weil es eine wichtige Frage ist: Es steht ja im Neuen Testament nicht, die Frau wurde „heil in einem umfassenden Sinne, trotz ihrer Krankheit", sondern es steht da: Sie wurde wirklich „gesund". Wurde sie gesund, ja oder nein?

**Claudia Janssen:** Die Menschen erzählen es so. Die Heilungserzählungen sind Ermutigungsgeschichten. Die Menschen erleben ihre Wirklichkeit so, dass sie von Armut, Hunger, Gewalt und Krankheit geprägt sind, dass Menschen sterben, dass Kinder frühzeitig sterben, dass Menschen unter vielen Krankheiten leiden, und wenn sie erzählen, eine Frau wird geheilt, sie wird ganz gesund, dann ist das eine Ermutigungsgeschichte. Und die Menschen erzählen diese Geschichte wirklich so, dass sie sagen: Sie ist gesund. Ob ich das heute glauben muss, das weiß ich nicht. Ich möchte niemanden dazu zwingen, das zu glauben. Aber: Die Erfahrung, die dahintersteht, dass Heilwerden möglich ist, auf die vertraue ich. Die Wundergeschichten sind für mich Vertrauens- und Ermutigungsgeschichten, und ich verstehe sie auf einer tiefen spirituellen Ebene. […]

**Publik-Forum:** Frau Janssen, gibt es eine Wundergeschichte, die Ihnen mal besonders nahegekommen ist?

**Claudia Janssen:** Die Frau, die zwölf Jahre an Blutfluss litt, bei dieser Geschichte habe ich viel gelernt über das Verständnis von Gott in Beziehungen. Aber so richtig ans Herz gehen mir die Sättigungsgeschichten, die Speisungserzählungen der Tausenden von Menschen, die dort zusammenkommen und satt werden, die vielleicht auch ihr Mitgebrachtes teilen. Diese riesige Gemeinschaft von Menschen, von Tausenden, die zusammensitzen und miteinander essen, das ist für mich ein Bild des umfassenden Friedens, eine Vision, eine Sehnsucht. Das sind für mich die wichtigen Geschichten des Neuen Testaments, die mir das Herz öffnen.

## Anregungen zur Weiterarbeit

1. Fassen Sie die beiden Handlungen in M 8 inhaltlich zusammen und berücksichtigen Sie dabei besonders die Wunderhandlung.
2. Erläutern Sie unter Berücksichtigung von M 9, wie Heilung bei diesen Erzählungen zu verstehen ist.
3. Erklären Sie, inwiefern die Wundererzählung in M 8 das Verständnis von Gott in Beziehungen verdeutlicht.
4. Entfalten Sie, inwiefern diese Wundergeschichten „geglaubt“ werden wollen, also welche Intention sie insgesamt verfolgen. Lesen Sie hierzu M 10 und M 11.

### M 10 Peter Kliemann: Müssen Christen an Wunder glauben?

Äußerst aufschlussreich ist es […], die von Jesus überlieferten Wundertaten mit denen anderer großer Wundertäter seiner Zeit zu vergleichen. Wir haben eine Fülle solcher außerbiblischer Wundergeschichten, und als Erstes fällt auf, dass die außerbiblischen Wundergeschichten oft ähnlich aufgebaut sind wie die neutestamentlichen (Schilderung der Not/Ruf um Hilfe, gerichtet an den Wundertäter/Rettung-Heilung/Reaktion der Geretteten), und dass auch viele Motive (z. B. Brotwunder, Sturmstillung, Krankenheilungen, Totenerweckungen) nicht nur im Neuen Testament vorkommen. Andererseits zeichnen sich aber auch unverkennbare und keineswegs belanglose Besonderheiten ab:

- Jesus lehnt die damals weit verbreiteten Schau- und Strafwunder ab (vgl. z. B. Mk 1,32–35; Mk 1,44; Mk 8,11 ff.; Joh 2,23 ff.; Joh 20,29). Es geht ihm nicht um seine Person, nicht um Zauberkunststücke und Jahrmarktssensationen, nicht um die Erzeugung von Publizität. Wo Menschen Zeichen fordern, um auf diesen „Beweis“ hin zu glauben, bewirkt Jesus keine Wunder. Er will den Menschen das Wagnis des Glaubens nicht abnehmen.
- Die meisten Wunder, gerade auch die historisch gesichertsten, sind Heilungswunder. Es ging Jesus also um Hilfe für Menschen in Not.
- Die Wunder Jesu bilden nicht den Hauptbestand der Evangelien wie in den Lebensbeschreibungen anderer großer Männer und Wundertäter der damaligen Zeit.
- Jesus heilte meist nur durch sein Wort, ohne umständliche Handlungen und Beschwörungen.

Zusammenfassend lässt sich sagen, dass der Glaube, den das Neue Testament fordert, nicht darin besteht, die Wundergeschichten der Evangelien – weitgehend entgegen ihrer Aussageintention – für historische Tatsachenberichte zu halten. Nicht daran sollen wir „unser Herz hängen“ und uns darauf verlassen, sondern an und auf Jesus Christus.
Der Glaube, den das Neue Testament fordert, vertraut *darauf*, dass Jesus Christus Grund, Mitte und Ziel aller Wirklichkeiten ist und dass mit ihm die alles umfassende, liebende Wirklichkeit Gottes endgültig in die Welt gekommen ist. Diese neue, endgültige Wirklichkeit ist angebrochen, und wir sind eingeladen, uns als Mitarbeiter in ihren Dienst nehmen zu lassen. Dieser Dienst darf nicht nur in Worten und Programmen bestehen, sondern erfordert konkretes, greifbares Handeln für Menschen in Not – nicht zuletzt daran erinnern uns immer wieder die Wundergeschichten des Neuen Testaments.

### M 11 Hans Küng über die Wundertaten Jesu

Also: Jesus hat nicht nur geredet, sondern auch eingegriffen in den Bereich von Krankheit und Ungerechtigkeit. Er hat nicht nur die Vollmacht des Predigens, sondern auch das Charisma des Heilens. Er ist nicht nur *Verkünder* und *Ratgeber*. Er ist zugleich *Heilender* und *Helfender*.
Und auch darin war er wieder anders als die Priester und Theologen, die Guerillakämpfer und die Mönche: Er lehrte wie einer, der Macht hat. Was ist das: eine neue Lehre voll Macht?, so fragt und sagt man sich nach dem ersten Wunder bei Markus. Es brach in ihm etwas auf, was von den einen schärfstens abgelehnt, ja als Magie verdammt wurde und was den anderen den Eindruck einer Begegnung mit der göttlichen Macht vermittelte: das Gottesreich, das nicht nur in Vergebung und Bekehrung, sondern auch in der Erlösung und Befreiung des Leibes und in der Verwandlung und Vollendung der Welt besteht. So erscheint Jesus nicht nur als der Verkünder, sondern auch in Wort und Tat als der *Bürge* des kommenden Gottesreiches.

**unbekannter Künstler, Christus als Apotheker, Heilig-Geist-Kirche Werder**

# 3 Jesu Ende?! – Tod, Auferstehung, Himmelfahrt

Jesu Anliegen war es, das Reich Gottes zu verkünden. Nicht nur die Bergpredigt, sondern auch seine Gleichniserzählungen und nicht zuletzt seine Wundertaten zeugen davon.
Der weitere Verlauf von Jesu Leben ist bekannt: Er stirbt am Kreuz. Die Anklagepunkte gegen ihn waren vielfältig: Er stellte sich konsequent auf die Seite der Armen und Schwachen und damit gegen die politischen Machthaber, galt unter den Römern als Unruhestifter und wirkte provokant. Der Kreuzestod Jesu erscheint somit als logische Konsequenz.
Doch welche theologische Dimension steckt hinter diesem Tod? Warum hat sich Jesus nicht gewehrt? Und was hat es mit der Auferstehung und Himmelfahrt dieses Jesus Christus auf sich? Fragen, die in diesem Kapitel thematisiert werden.

## 3.1 Das letzte Abendmahl und die Nacht im Garten

### M1 Mk 14,17–25: Das letzte Abendmahl

17 Als es Abend wurde, kam Jesus mit den Zwölf.
18 Während sie nun bei Tisch waren und aßen, sagte er: Amen, ich sage euch: Einer von euch wird mich verraten und ausliefern, einer von denen, die zusammen mit mir essen.
19 Da wurden sie traurig und einer nach dem andern fragte ihn: Doch nicht etwa ich?
20 Er sagte zu ihnen: Einer von euch Zwölf, der mit mir aus derselben Schüssel isst.
21 Der Menschensohn muss zwar seinen Weg gehen, wie die Schrift über ihn sagt. Doch weh dem Menschen, durch den der Menschensohn verraten wird. Für ihn wäre es besser, wenn er nie geboren wäre.
22 Während des Mahls nahm er das Brot und sprach den Lobpreis; dann brach er das Brot, reichte es ihnen und sagte: Nehmt, das ist mein Leib.
23 Dann nahm er den Kelch, sprach das Dankgebet, reichte ihn den Jüngern und sie tranken alle daraus.
24 Und er sagte zu ihnen: Das ist mein Blut, das Blut des Bundes, das für viele vergossen wird.
25 Amen, ich sage euch: Ich werde nicht mehr von der Frucht des Weinstocks trinken bis zu dem Tag, an dem ich von neuem davon trinke im Reich Gottes.

**Leonardo da Vinci (1452–1519), Das letzte Abendmahl, 1495–1497, 460 x 880 cm, Öltempera auf Stein**

## Anregungen zur Weiterarbeit

1. Fassen Sie das Geschehen beim letzten Abendmahl anhand von M 1 kurz zusammen.
2. Beschreiben Sie die Szenerie des letzten Abendmahls, wie es von da Vinci künstlerisch dargestellt wird.
3. Befragen Sie mehrere dargestellte Figuren, wie diese auf die Worte Jesu reagieren. Achten Sie hier besonders auf Gestik und Mimik der Personen.
4. Interpretieren Sie auf dieser Grundlage und unter Berücksichtigung von M 2 und M 3 Jesu Worte in Mk 14,22–25. Verfassen Sie zu diesen Versen einen kurzen, prägnanten Lexikonartikel für ein theologisches Jugendlexikon.

### M 2 Gerhard Lohfink zur Deutung des Abendmahls

Markus und seine Überlieferung erzählen nur das Besondere, das Einmalige dieses einen Pesach-Mahls. Und dazu gehört, dass Jesus das zerbrochene Brot deutet:
*Das ist mein Leib.*
„Leib" darf dabei nicht im abendländischen Sinn als Gegensatz zur Seele verstanden werden. „Leib" meint die Person, den ganzen Mensch. Jesus will sagen: „Dieses Brot bin ich selbst. Das bin ich mit meiner Geschichte und meinem Leben. Mein Leben wird zerbrochen werden wie dieses Brot. Ich gebe es euch, damit ihr Anteil an ihm habt."
Die Zeichenhandlung Jesu ist also Todesprophetie. Jesus verkündet im Zeichen des zerbrochenen Brotes seinen Tod. Zugleich aber ist die Zeichenhandlung mehr als nur Todesprophetie. Denn Jesus gibt den Zwölfen ja Anteil an seiner Existenz, an seinem Leben, das nun in den Tod gegeben wird. Offenbar hat sein Tod eine Tiefendimension, an der die Zwölf und damit Israel Anteil haben müssen. Worin sie besteht, wird bei Markus an dieser Stelle […] noch nicht gesagt.
Die Markustradition setzt voraus, ohne es eigens zu erwähnen, dass sich an das Tischgebet und das Deutewort über das zerbrochene Brot die Hauptmahlzeit anschloss: das Essen des Lamms mit Bitterkräutern, Brot und Fruchtmus. Am Ende der Hauptmahlzeit nahm der Hausvater den 3. Becher, den Becher des Segens, und sprach über ihn ein erneutes Dankgebet. An dieser Stelle beginnt Markus wieder zu berichten, denn nun geschieht eine weitere Besonderheit: Jesus macht auch die Darreichung und das Trinken des Segensbechers zu einer Zeichenhandlung. Denn nachdem er das Dankgebet über ihn gesprochen hat, deutet er ihn folgendermaßen:
*Das ist mein Blut,*
*(das Blut) des Bundes,*
*das vergossen wird für viele.*
Hier sind die Begriffe nun dicht gedrängt, für den heutigen Menschen fast zu dicht. Das darf man jedoch nicht dem alten Text anlasten. Der heutige Hörer würde ja auch nicht wissen, dass in dem aramäischen Deutespruch „Das ist das Brot der Bedrängnis" Dtn 16,1–8 im Hintergrund steht. Für jüdische Ohren genügten damals wenige zentrale Wörter, oft nur ein einziges, um einen größeren biblischen Textzusammenhang herbeizuholen. Was will der Markustext sagen?
Zunächst: Jesus weist erneut auf seinen bevorstehenden Tod hin. Er deutet den Becher mit dem roten Wein als sein Blut, das schon bald vergossen wird. „Blut vergießen" heißt „töten". Jesus wird getötet werden. Aber auch hier bleibt es nicht bei der Todesprophetie. Der Text spricht nicht nur einfach vom Blut Jesu, sondern von seinem Bundesblut. Und „Blut des Bundes" spielt an auf das Geschehen in Ex 24,4–11. Dort wird der Gründungsakt Israels erzählt. Mose errichtet am Fuß des Sinai einen Altar und zwölf Steinmale, besprengt den Altar mit Opferblut, liest den zwölf Stämmen die Bundesurkunde vor, besprengt dann auch noch das Volk mit dem Blut und spricht dabei:
*Siehe, das Blut des Bundes,*
*den der Herr aufgrund all dieser Worte*
*mit euch geschlossen hat. (Ex 24,8)*
Anschließend dürfen Mose und die Ältesten Israels mit Gott selbst auf dem Berg Mahl halten. Wir brauchen an dieser Stelle nicht nach dem ursprünglichen Sinn dieser Blutbesprengung zu fragen. Wahrscheinlich will sie zeigen, dass Israel zu einem Volk von Priestern wird – im Sinne von Ex 19,6:
*Ihr aber sollt mir gehören als ein Königreich von Priestern*
*und als ein heiliges Volk.*
Für das spätere Verständnis von Ex 24,8 ist entscheidend, dass hier drei Motive miteinander verknüpft sind: das gemeinsame Mahl, der Bund Gottes mit Israel und das Blut, mit dem der Bund geschlossen wird. In der jüdischen Auslegungstradition zur Zeit Jesu verstand man dieses Blut, das auf den Altar am Fuß des Sinai gesprengt worden war, als Mittel der Sühne für die Sünden Israels.
Vor diesem Hintergrund kann das Wort Jesu über den Segensbecher in Mk 14,24 nur besagen: Sein Leben wird dem Tod preisgegeben. Sein Blut, das dabei fließt, ist aber nicht umsonst und sinnlos vergossenes Blut, sondern ist „Blut des Bundes", das heißt, es erneuert und vollendet den Bund, den Gott einst mit Israel am Sinai geschlossen hat. Diese endzeitliche Erneuerung des Bundes, die zugleich Neuschöpfung und Neubegründung Israels ist, geschieht durch das Blut Jesu, das Israel von seiner Schuld befreit und ihm Sühne schenkt.
Nimmt man diesen Hintergrund ernst, dann kann mit den „Vielen", von denen das Becherwort bei Markus spricht, zunächst einmal nur Israel gemeint sein. Jesus deutet seinen gewaltsamen Tod als Sterben für Israel, als sühnende Hingabe seines Lebens für das Leben des Gottesvolkes.
Dieser Israelbezug wäre allein schon dadurch klar, dass Jesus den Segensbecher den Zwölfen reicht, den von ihm erwählten Repräsentanten des Zwölfstämmevolkes. Der Israelbezug ist aber genauso eindeutig durch den Hintergrund des Sinaibundes gegeben. Der Sinaibund wurde mit Israel geschlossen, und wenn er erneuert wird, dann wieder mit Israel. Die „Vielen" meint also zunächst einmal das Zwölfstämmevolk.
Allerdings darf man bei dieser Aussage nicht stehen bleiben. Denn die Rede von den „Vielen" stammt aus

Jes 52,13 – Jes 53,12, dem vierten Lied vom Gottesknecht. Der Gottesknecht leidet in Stellvertretung für die Vielen. Und das sind in diesem Lied, in dem „viele" ein Leitmotiv darstellt, eindeutig die Heidenvölker. Markus musste also, wenn er die ihm vorgegebene Abendmahlsüberlieferung wiedergab, neben Israel zugleich die Völker im Blick haben. Das ist auch gar kein Problem. Denn in der Theologie des Alten Testamentes steht Israel stellvertretend für die Völker. Es ist nicht erwählt um seinetwillen, sondern um der Welt willen. Das Heil, das sich in Israel ausbreitet, soll zu Heil für die ganze Welt werden. Deshalb können die Vielen zunächst einmal Israel sein und über Israel dann doch die Völker. Die universale Aussage würde erst falsch, wenn sie den Israelbezug überspringen würde. Und das ist bei Markus mit Sicherheit nicht der Fall, so wenig wie bei den übrigen Autoren des Neuen Testaments.

So lässt sich also sagen: Nach Markus deutet Jesus während des Rituals des Pesach-Mahls das auseinandergerissene Brot und den roten Wein auf seinen bevorstehenden Tod. Und indem er den zwölf Jüngern das Brot und den Wein darreicht, gibt er ihnen und damit Israel Anteil an der Kraft seines Todes. Denn dieser Tod wird zugleich gedeutet als Sühne für das schuldig gewordene Israel und als Erneuerung des Sinaibundes. Über das endzeitliche Israel aber soll dieses neu und endgültig geschenkte Heil die Völker erreichen.

## M3 Jürgen Werbick zur Deutung von Brot und Wein

Im Vorübergehen war davon schon die Rede: von der Lebensfreude, die Jesus mit den Seinen geteilt und auch zu den Sündern getragen hat. So muss er sich vorhalten lassen, er sei ein „Fresser und Säufer, dieser Freund der Zöllner und Sünder" (Mt 11,18 f.) – ganz anders als der Asket Johannes, den man den Täufer nannte. Brot und Wein sind die Zeichen, in denen er Zukunft und Gegenwart der Gottesherrschaft vergegenwärtigt: das Lebensnotwendigste – er bittet mit den Notleidenden und ohne Lebenssicherheit Umherziehenden darum, dass es nicht fehle; der Lebensreichtum, der gefeiert werden will und die ersehnte Zukunft jetzt schon erspüren lässt. Mit denen, denen er an seiner Lebensfreude Anteil gibt, feiert Jesus die Glaubens-Gewissheit, dass Gott Zukunft gibt, eine Zukunft, die schon begonnen hat und vom Vater im Himmel offengehalten wird, was auch immer geschehen mag. So feiert Jesus diese Zukunft der Gottesherrschaft mit den Seinen tatsächlich noch im Angesicht des eigenen Todes: Ich werde „nicht mehr essen, bis das Mahl seine Erfüllung findet im Reich Gottes […]. Von nun an werde ich nicht mehr von der Frucht des Weinstocks trinken, bis das Reich Gottes kommt" (Lk 22,16.18).

Die Feier mit Brot und Pessachlamm, aber auch mit dem Wein der Vorfreude, dem Kelch des Segens und des Dankes am Vorabend seines Todes wird zum Voraus-Bild der christlichen Eucharistia, der Feier des Dankes im Blick auf den unzerstörbaren Anfang der Gottes-Zukunft, in den uns die Auferstehung des Gekreuzigten mit hineinnimmt.

## M4 Das Gebet in Getsemani (Mk 14,32–42)

32 Sie kamen zu einem Grundstück, das Getsemani heißt,
und er sagte zu seinen Jüngern: Setzt euch und wartet hier,
während ich bete. 33 Und er nahm Petrus, Jakobus und Jo-
hannes mit sich. Da ergriff ihn Furcht und Angst, 34 und er
sagte zu ihnen: Meine Seele ist zu Tode betrübt. Bleibt hier
und wacht!
35 Und er ging ein Stück weiter, warf sich auf die Erde
nieder und betete, dass die Stunde, wenn möglich, an ihm
vorübergehe. 36 Er sprach: Abba, Vater, alles ist dir möglich.
Nimm diesen Kelch von mir! Aber nicht, was ich will, sondern
was du willst (soll geschehen).
37 Und er ging zurück und fand sie schlafend. Da sagte er
zu Petrus: Simon, du schläfst? Konntest du nicht einmal eine
Stunde wach bleiben? 38 Wacht und betet, damit ihr nicht
in Versuchung geratet. Der Geist ist willig, aber das Fleisch
ist schwach.
39 Und er ging wieder weg und betete mit den gleichen
Worten.
40 Als er zurückkam, fand er sie wieder schlafend, denn die
Augen waren ihnen zugefallen; und sie wussten nicht, was
sie ihm antworten sollten.
41 Und er kam zum dritten Mal und sagte zu ihnen: Schlaft
ihr immer noch und ruht euch aus? Es ist genug. Die Stunde
ist gekommen; jetzt wird der Menschensohn den Sündern
ausgeliefert. 42 Steht auf, wir wollen gehen! Seht, der Ver-
räter, der mich ausliefert, ist da.

**Nikolai Gay, Christus in Gethsemane nach dem Hl. Abendmahl, 1888, 65,3 x 85 cm**

## M5 Dorothee Sölle: Bedeutung von Jesu Gebet in Getsemani

Der Name dieses Ölbaumgartens ist ein Symbol geworden für das, was Menschen an Schmerzen durchleiden, ein Symbol der Angst und der Agonie. Man sagt, jeder habe sein Gethsemane.

Die Erfahrung, die Jesus in Gethsemane gemacht hat, ist unterschiedlich wiedergegeben worden. Lukas versucht, diese Erfahrung mit Hilfe eines Engels darzustellen, der den Betenden stärkt. Aber das würde es uns zu leicht machen:

Das Mirakulöse hat immer die Gefahr in sich, Jesus von uns zu trennen, ihm Privilegien zuzuweisen, ihm einen Sonderstatus, den er nicht hatte, anzudichten. Jesus bittet darum, verschont zu bleiben, das ist der Inhalt seines Gebets. Aber auf diese Bitte erhält er keine Antwort. Gott schweigt, wie so oft in der Geschichte der Menschen, Jesus bleibt allein mit seinem wiederholten Schrei, seiner Todesangst, seiner wahnsinnigen Hoffnung, seinem bedrohten Leben.

„Meine Seele ist betrübt bis an den Tod; bleibt hier und wachet mit mir" (Mt 26,38). Nicht einmal seine Freunde, mit denen er Wandern und Heilen, Aufgenommen- und Verfolgtwerden, Gespräch und Leben geteilt hat, bleiben bei ihm. Sie schlafen ihm weg wie Kinder, denen es zu lang geworden ist. Lukas, der sein Interesse daran hat, sie etwas besser wegkommen zu lassen, sagt, sie seien „vor Betrübnis" eingeschlafen. Aber es ist nur wie ein Glied in der Kette der Erfahrung, die Jesus macht: verraten, verleugnet, im Stich gelassen zu werden – und, das Harmloseste: seine Freunde schlafen zu sehen, wenn man sie braucht.

[...] Mit Jesus wachen, nicht einschlafen während seiner Todesangst, die bis zum Ende der Welt dauert und alle Geängsteten meint, ist eine alte christliche Forderung, die allem natürlichen Verhalten zum Unglück widerspricht.

Es gibt zwei mögliche Missverständnisse der Geschichte von Gethsemane, das der Apathie und das der Exklusivität. Korrekturversuche im Sinn eines Apathie-Ideals setzten schon früh ein: Man hat versucht, aus Jesus ein heroisches Wesen zu machen. Es war anstößig, dass er weinte und zitterte, dass er die Agonie erlitt. Schon Lukas hat diese Leidenszüge gemildert und Jesu Eingeständnis der Angst vor den Jüngern weggelassen. Spätere Handschriften tilgen – nach einem Bericht des Bischofs Epiphanius (um 375) – das Weinen Jesu hier und beim Untergang Jerusalems (Lk 22,43.44 und 19,41), „aus Furcht, es geschehe sonst der Würde Jesu Abbruch".

Im modernen Verständnis liegt die Würde Jesu aber gerade in seiner Todesangst. Ein Mensch ohne Angst ist ein verstümmeltes Wesen, das sich selbst zu sehr verachtet, als dass es Angst um dich haben könnte. Die Angst ist ein Zeichen der Einwurzelung ins Leben; vor einem Menschen ohne Angst muss man sich fürchten, er ist zu allem fähig.

Das Interesse der Apathie ist das Interesse des Siegers. Aber geht Jesus als ein Sieger aus Gethsemane fort? Hat er den Kampf bestanden? Ist er getröstet worden? [...] Jesus hat in Gethsemane zwei vergebliche Versuche gemacht: Er flehte seinen Vater um Schonung an, er bat die Menschen um Trost. In der Agonie dieser Nacht wird die Kreuzigung von Golgatha bereits durchlebt [...].

Das zweite überkommene Missverständnis ist das dogmatische von der Einzigartigkeit des Leidens und Sterbens Jesu. Man betont dann wohl, dass Jesus mehr und anders als andere Märtyrer gelitten habe, weil er sich ausgestoßen und verflucht sah und Gott ihm im Leiden unfassbar wurde. Die Besonderheit Jesu, seine Unvergleichbarkeit, soll hier, da sie als leidensüberlegene Apathie nicht zu retten ist, wenigstens im „panthein", im Leiden erhalten bleiben. Eine solche Art der Fragestellung, die in einer Welt des nicht messbaren Leidens Jesu Leiden absondern und aufwiegen will, um es als einzigartig verstehen zu können, ist eher makaber; es liegt nicht im Interesse Jesu, „am meisten" gelitten zu haben. Umgekehrt liegt die Wahrheit des Symbols gerade in seiner Wiederholbarkeit. So, wie hier geschrieben, kann es allen ergehen. Wo immer das Sterben sich wissend vollzieht, wo der Schmerz gelebt wird, da vernichtet er auch die frühere Gottesgewissheit.

Es gibt Zeugnisse von Menschen, die die Wiederholbarkeit des Symbols, und das bedeutet seine Aneignung, erweisen. Sie haben Gethsemane erfahren, die Angst vor dem Sterben, aber auch die Überwindung aller Ängste dort, wo der Becher des Leidens ausgetrunken wird bis zur bitteren Neige.

[...] Jedes Leiden, das als Bedrohung des eigenen Lebens erfahren wird, berührt die Gottesbeziehung, wenn wir diesen Ausdruck im strengen theologischen Sinn nehmen, das heißt nicht als eine Eigenschaft, wie Musikalität, die manchen Menschen zukommt, sondern als etwas, das jedem zu eigen ist als das, „worauf er sich verlasset" (Luther). Dieses (nicht explizite) Gottesverhältnis wird im extremen Leiden angetastet. Der Grund, auf den das Leben gebaut war, das Urvertrauen in die je anders vermittelte Verlässlichkeit der Welt wird zerstört.

Die Erfahrung, die Jesus in Gethsemane gemacht hat, geht über diese Zerstörung hinaus. Es ist die der Einwilligung. Der Becher des Leidens wird zum Becher der Stärkung. Wer ihn geleert hat, der hat alle Angst überwunden. Der, der schließlich vom Gebet zu den Schlafenden zurückkommt, ist ein anderer als der, der fortging. Er ist klar und wach, er zittert nicht mehr. „Es ist genug. Die Stunde ist gekommen. Steht auf. Lasst uns gehen."

## M 6 Die Gefangennahme (Mk 14,43–52)

43 Noch während er redete, kam Judas, einer der Zwölf, mit
einer Schar von Männern, die mit Schwertern und Knüppeln
bewaffnet waren; sie waren von den Hohenpriestern, den
Schriftgelehrten und den Ältesten geschickt worden.
44 Der Verräter hatte mit ihnen ein Zeichen vereinbart und
gesagt: Der, den ich küssen werde, der ist es. Nehmt ihn fest,
führt ihn ab und lasst ihn nicht entkommen. 45 Und als er
kam, ging er sogleich auf Jesus zu und sagte: Rabbi! Und er
küsste ihn.
46 Da ergriffen sie ihn und nahmen ihn fest. 47 Einer von
denen, die dabeistanden, zog das Schwert, schlug auf den
Diener des Hohenpriesters ein und hieb ihm ein Ohr ab.
48 Da sagte Jesus zu ihnen: Wie gegen einen Räuber seid
ihr mit Schwertern und Knüppeln ausgezogen, um mich
festzunehmen. 49 Tag für Tag war ich bei euch im Tempel
und lehrte und ihr habt mich nicht verhaftet; aber (das ist
geschehen), damit die Schrift in Erfüllung geht.
50 Da verließen ihn alle und flohen.
51 Ein junger Mann aber, der nur mit einem leinenen
Tuch bekleidet war, wollte ihm nachgehen. Da packten sie
ihn; 52 er aber ließ das Tuch fallen und lief nackt davon.

## M 7 Das Verhör vor dem Hohen Rat (Mk 14,53–65)

53 Darauf führten sie Jesus zum Hohenpriester und es versammelten sich alle Hohenpriester und Ältesten und Schriftgelehrten.

54 Petrus aber war Jesus von weitem bis in den Hof des
hohepriesterlichen Palastes gefolgt; nun saß er dort bei den
Dienern und wärmte sich am Feuer.
55 Die Hohenpriester und der ganze Hohe Rat bemühten
sich um Zeugenaussagen gegen Jesus, um ihn zum Tod
verurteilen zu können; sie fanden aber nichts. 56 Viele
machten zwar falsche Aussagen über ihn, aber die Aussagen
stimmten nicht überein.
57 Einige der falschen Zeugen, die gegen ihn auftraten, be-
haupteten: 58 Wir haben ihn sagen hören: Ich werde diesen
von Menschen erbauten Tempel niederreißen und in drei
Tagen einen anderen errichten, der nicht von Menschenhand
gemacht ist. 59 Aber auch in diesem Fall stimmten die Aus-
sagen nicht überein.
60 Da stand der Hohepriester auf, trat in die Mitte und frag-
te Jesus: Willst du denn nichts sagen zu dem, was diese Leu-
te gegen dich vorbringen?
61 Er aber schwieg und gab keine Antwort. Da wandte sich
der Hohepriester nochmals an ihn und fragte: Bist du der
Messias, der Sohn des Hochgelobten? 62 Jesus sagte: Ich
bin es. Und ihr werdet den Menschensohn zur Rechten der
Macht sitzen und mit den Wolken des Himmels kommen
sehen.
63 Da zerriss der Hohepriester sein Gewand und rief: Wozu
brauchen wir noch Zeugen? 64 Ihr habt die Gotteslästerung
gehört. Was ist eure Meinung? Und sie fällten einstimmig
das Urteil: Er ist schuldig und muss sterben. 65 Und einige
spuckten ihn an, verhüllten sein Gesicht, schlugen ihn und
riefen: Zeig, dass du ein Prophet bist! Auch die Diener schlu-
gen ihn ins Gesicht.

## M8 Verleugnung durch Petrus (Mk 14,66–72)

66 Als Petrus unten im Hof war, kam eine von den Mägden
des Hohenpriesters. 67 Sie sah, wie Petrus sich wärmte,
blickte ihn an und sagte: Auch du warst mit diesem Jesus
aus Nazaret zusammen.
68 Doch er leugnete es und sagte: Ich weiß nicht und ver-
stehe nicht, wovon du redest. Dann ging er in den Vorhof
hinaus.
69 Als die Magd ihn dort bemerkte, sagte sie zu denen, die
dabeistanden, noch einmal: Der gehört zu ihnen.
70 Er aber leugnete es wieder ab. Wenig später sagten die
Leute, die dort standen, von neuem zu Petrus: Du gehörst
wirklich zu ihnen; du bist doch auch ein Galiläer.
71 Da fing er an zu fluchen und schwor: Ich kenne diesen
Menschen nicht, von dem ihr redet.
72 Gleich darauf krähte der Hahn zum zweiten Mal, und
Petrus erinnerte sich, dass Jesus zu ihm gesagt hatte: Ehe
der Hahn zweimal kräht, wirst du mich dreimal verleugnen.
Und er begann zu weinen.

## M9 Die Verhandlung vor Pilatus (Mk 15,1–15)

1 Gleich in der Frühe fassten die Hohenpriester, die Ältesten
und die Schriftgelehrten, also der ganze Hohe Rat, über Je-
sus einen Beschluss: Sie ließen ihn fesseln und abführen und
lieferten ihn Pilatus aus.
2 Pilatus fragte ihn: Bist du der König der Juden? Er antwor-
tete ihm: Du sagst es.
3 Die Hohenpriester brachten viele Anklagen gegen ihn
vor. 4 Da wandte sich Pilatus wieder an ihn und fragte:
Willst du denn nichts dazu sagen? Sieh doch, wie viele An-
klagen sie gegen dich vorbringen. 5 Jesus aber gab keine
Antwort mehr, sodass Pilatus sich wunderte.
6 Jeweils zum Fest ließ Pilatus einen Gefangenen frei, den
sie sich ausbitten durften. 7 Damals saß gerade ein Mann
namens Barabbas im Gefängnis, zusammen mit anderen
Aufrührern, die bei einem Aufstand einen Mord begangen
hatten. 8 Die Volksmenge zog (zu Pilatus) hinauf und bat,
ihnen die gleiche Gunst zu gewähren wie sonst.
9 Pilatus fragte sie: Wollt ihr, dass ich den König der Juden
freilasse? 10 Er merkte nämlich, dass die Hohenpriester nur
aus Neid Jesus an ihn ausgeliefert hatten. 11 Die Hohen-
priester aber wiegelten die Menge auf, lieber die Freilassung
des Barabbas zu fordern.
12 Pilatus wandte sich von neuem an sie und fragte: Was
soll ich dann mit dem tun, den ihr den König der Juden
nennt? 13 Da schrien sie: Kreuzige ihn! 14 Pilatus entgeg-
nete: Was hat er denn für ein Verbrechen begangen? Sie
schrien noch lauter: Kreuzige ihn!
15 Darauf ließ Pilatus, um die Menge zufrieden zu stellen,
Barabbas frei und gab den Befehl, Jesus zu geißeln und zu
kreuzigen.

**Mihály Munkácsy, Christus vor Pilatus, 1881**

## Anregungen zur Weiterarbeit

1. Fassen Sie die Gedanken Sölles M 5 zusammen.
2. Wenden Sie diese Erkenntnisse auf den Bibeltext in M 4 an, indem Sie ein Stimmungsbild anfertigen, welches die Deutung von dieser Szenerie deutlich werden lässt.
3. Gestalten Sie zu M 6 bis M 9 eine aussagekräftige Reportage (alternativ: eine Bildergeschichte), die den weiteren Werdegang Jesu pointiert darstellt.

# 3.2 Warum Jesus starb – Deutungsversuche

## M1 Die Kreuzigung (Mk 15,20b–32) und der Tod Jesu (Mk 15,33–41)

Dann führten sie Jesus hinaus, um ihn zu kreuzigen. **21** Ei-
nen Mann, der gerade vom Feld kam, Simon von Zyrene, den
Vater des Alexander und des Rufus, zwangen sie, sein Kreuz
zu tragen. **22** Und sie brachten Jesus an einen Ort namens
Golgota, das heißt übersetzt: Schädelhöhe. **23** Dort reichten
sie ihm Wein, der mit Myrrhe gewürzt war; er aber nahm ihn
nicht.
**24** Dann kreuzigten sie ihn. Sie warfen das Los und ver-
teilten seine Kleider unter sich und gaben jedem, was ihm
zufiel.
**25** Es war die dritte Stunde, als sie ihn kreuzigten. **26** Und
eine Aufschrift (auf einer Tafel) gab seine Schuld an: Der
König der Juden. **27** Zusammen mit ihm kreuzigten sie zwei
Räuber, den einen rechts von ihm, den andern links. **[28]**
**29** Die Leute, die vorbeikamen, verhöhnten ihn, schüttelten
den Kopf und riefen: Ach, du willst den Tempel niederreißen
und in drei Tagen wieder aufbauen? **30** Hilf dir doch selbst
und steig herab vom Kreuz!
**31** Auch die Hohenpriester und die Schriftgelehrten ver-
höhnten ihn und sagten zueinander: Anderen hat er gehol-
fen, sich selbst kann er nicht helfen. **32** Der Messias, der
König von Israel! Er soll doch jetzt vom Kreuz herabsteigen,
damit wir sehen und glauben. Auch die beiden Männer, die
mit ihm zusammen gekreuzigt wurden, beschimpften ihn.
**33** Als die sechste Stunde kam, brach über das ganze Land
eine Finsternis herein. Sie dauerte bis zur neunten Stun-
de. **34** Und in der neunten Stunde rief Jesus mit lauter Stim-
me: Eloï, Eloï, lema sabachtani?, das heißt übersetzt: Mein
Gott, mein Gott, warum hast du mich verlassen?
**35** Einige von denen, die dabeistanden und es hörten, sag-
ten: Hört, er ruft nach Elija! **36** Einer lief hin, tauchte einen
Schwamm in Essig, steckte ihn auf einen Stock und gab Je-
sus zu trinken. Dabei sagte er: Lasst uns doch sehen, ob Elija
kommt und ihn herabnimmt.
**37** Jesus aber schrie laut auf. Dann hauchte er den Geist
aus. **38** Da riss der Vorhang im Tempel von oben bis unten
entzwei.
**39** Als der Hauptmann, der Jesus gegenüberstand, ihn
auf diese Weise sterben sah, sagte er: Wahrhaftig, dieser
Mensch war Gottes Sohn.
**40** Auch einige Frauen sahen von weitem zu, darunter Maria
aus Magdala, Maria, die Mutter von Jakobus dem Kleinen
und Joses, sowie Salome; **41** sie waren Jesus schon in Gali-
läa nachgefolgt und hatten ihm gedient. Noch viele andere
Frauen waren dabei, die mit ihm nach Jerusalem hinaufgezo-
gen waren.

## M2 Hans Küng: Am Kreuz

Die Botschaft, das Wort vom Kreuz ist Paulus zufolge nur für die Nichtglaubenden Schwäche und Torheit, für die Glaubenden aber ist es Gottes Kraft, Gottes Weisheit (vgl. 1 Kor 1,18–31). Ein Paradox, aber kein Widerspruch, und für das jüdisch-christliche Gespräch wichtig: Am Kreuz Jesu Christi […] ist nicht einfach Gott schlechthin gekreuzigt worden: der Gott, ho theós, Deus pater omnipotens (und erst recht nicht Gottes heiliger Geist). Wie hätte sonst der Gekreuzigte in Gottverlassenheit zu Gott schreien können: „Mein Gott, mein Gott, warum hast du mich verlassen?" (Mk 15,34)? Mit anderen Worten: Das Kreuz ist nicht das Symbol des „leidenden", „schreienden", gar „das Symbol des Todesnot leidenden Gottes", sondern ist das Symbol des Todesnot leidenden Menschen. Und die Hebräische Bibel lieferte nachträglich Interpretationsmuster für die Verarbeitung des ungeheuren Geschehens: Als Vorbild dient nicht ein leidender Gott, sondern

- der von Gott beauftragte, aber von den Menschen verfolgte Prophet;
- der für die Sünden vieler unschuldig und stellvertretend leidende Gottesknecht;
- das die Sünden der Menschheit zeichenhaft hinwegnehmende Opferlamm.

Nein, am Kreuz, so wird dies im Neuen Testament durchgängig verstanden, ist nicht Gott selbst (ho theós), der Vater, gestorben, sondern Gottes „Messias" und „Christus", Gottes „Ebenbild", „Wort" und „Sohn".

### Anregungen zur Weiterarbeit

1. Formulieren Sie Ihre Ideen, warum Jesus am Kreuz starb. Lesen Sie dazu zunächst M 1 und M 2.
2. Analysieren und interpretieren Sie M 3 und M 4.
   a. Beschreiben Sie das Bild „Die drei Kreuze" von Rembrandt M 3. Achten Sie dabei besonders auf den Einsatz von Schatten und Licht.
   b. Interpretieren Sie das Bild im Hinblick auf die (Be-)Deutung des Todes Jesu.
   c. Interpretieren Sie das Gedicht „Die Kreuzigung" von Lothar Zenetti M 4 bzgl. der (Be-)Deutung des Todes Jesu.

## M3 Rembrandt van Rijn: Die drei Kreuze

**Rembrandt van Rijn (1606–1669), Die drei Kreuze, 1653, 34,1 x 42,9 cm, Kaltnadel und Grabstichel, auf Pergament**

## M4 Lothar Zenetti: Die Kreuzigung

Der-da-oben
wollte ein Beispiel geben,
aus Liebe, sagt er – und ist
Der-da-unten geworden.

Seine Gefühle in Ehren,
aber wo kämen wir hin …
man kann doch nicht einfach
alles auf den Kopf stellen!

So haben wir die Sache
wieder in Ordnung gebracht, haben ihn,
Den-da-unten, am Kreuz, erhöht,
in den Himmel erhoben.

Es war nicht ganz einfach.
Jedenfalls ist er nun wieder da,
nämlich oben, wo er hingehört,
Der-da-oben.

## M5 Biblische Deutung von Jesu Tod

**Jesaja 53,4–5**

4 Aber er hat unsere Krankheit getragen und unsere Schmer-
zen auf sich geladen. Wir meinten, er sei von Gott geschla-
gen, / von ihm getroffen und gebeugt.
5 Doch er wurde durchbohrt wegen unserer Verbrechen,
wegen unserer Sünden zermalmt. Zu unserem Heil lag die
Strafe auf ihm, / durch seine Wunden sind wir geheilt.

**Ex 12,1–13**

1 Der Herr sprach zu Mose und Aaron in Ägypten: 2 Dieser
Monat soll die Reihe eurer Monate eröffnen, er soll euch als
der erste unter den Monaten des Jahres gelten. 3 Sagt der
ganzen Gemeinde Israel: Am Zehnten dieses Monats soll
jeder ein Lamm für seine Familie holen, ein Lamm für jedes
Haus. 4 Ist die Hausgemeinschaft für ein Lamm zu klein,
so nehme er es zusammen mit dem Nachbarn, der seinem
Haus am nächsten wohnt, nach der Anzahl der Personen. Bei
der Aufteilung des Lammes müsst ihr berücksichtigen, wie
viel der Einzelne essen kann. 5 Nur ein fehlerfreies, männli-
ches, einjähriges Lamm darf es sein, das Junge eines Schafes
oder einer Ziege müsst ihr nehmen. 6 Ihr sollt es bis zum
vierzehnten Tag dieses Monats aufbewahren. Gegen Abend

soll die ganze versammelte Gemeinde Israel die Lämmer
schlachten. 7 Man nehme etwas von dem Blut und bestrei-
che damit die beiden Türpfosten und den Türsturz an den
Häusern, in denen man das Lamm essen will. 8 Noch in der
gleichen Nacht soll man das Fleisch essen. Über dem Feuer
gebraten und zusammen mit ungesäuertem Brot und Bit-
terkräutern soll man es essen. 9 Nichts davon dürft ihr roh
oder in Wasser gekocht essen, sondern es muss über dem
Feuer gebraten sein. Kopf und Beine dürfen noch nicht vom
Rumpf getrennt sein. 10 Ihr dürft nichts bis zum Morgen üb-
rig lassen. Wenn aber am Morgen noch etwas übrig ist, dann
verbrennt es im Feuer!
11 So aber sollt ihr es essen: eure Hüften gegürtet, Schuhe
an den Füßen, den Stab in der Hand. Esst es hastig! Es ist die
Paschafeier für den Herrn.
12 In dieser Nacht gehe ich durch Ägypten und erschlage
in Ägypten jeden Erstgeborenen bei Mensch und Vieh. Über
alle Götter Ägyptens halte ich Gericht, ich, der Herr.
13 Das Blut an den Häusern, in denen ihr wohnt, soll ein Zei-
chen zu eurem Schutz sein. Wenn ich das Blut sehe, werde
ich an euch vorübergehen und das vernichtende Unheil wird
euch nicht treffen, wenn ich in Ägypten dreinschlage.

**Gen 22,9f.**
9 Als sie an den Ort kamen, den ihm Gott genannt hatte,
baute Abraham den Altar, schichtete das Holz auf, fesselte
seinen Sohn Isaak und legte ihn auf den Altar, oben auf das
Holz. 10 Schon streckte Abraham seine Hand aus und nahm
das Messer, um seinen Sohn zu schlachten.

**Lev 16,15–22**
15 Nachher soll er den Bock schlachten, der als Sündopfer
für das Volk bestimmt ist, und sein Blut hinter den Vorhang
tragen. Er soll es mit diesem Blut ebenso machen wie mit
dem Blut des Jungstiers und es auf die Deckplatte und vor
die Deckplatte spritzen.
16 So soll er das Heiligtum von den Unreinheiten der Israe-
liten, von all ihren Freveltaten und Sünden entsühnen und
so soll er mit dem Offenbarungszelt verfahren, das bei ihnen
inmitten ihrer Unreinheiten seinen Sitz hat.
17 Kein Mensch darf im Offenbarungszelt sein, wenn er
in das Heiligtum eintritt, um die Sühne zu vollziehen, bis
er es wieder verlässt. Hat er sich, sein Haus und die ganze
Gemeinde Israels entsühnt, 18 so soll er zum Altar vor dem
Herrn hinausgehen und ihn entsühnen. Er soll etwas Blut
des Jungstiers und des Bockes nehmen und es auf die Hör-
ner rings um den Altar tun. 19 Etwas von diesem Blut soll er
mit seinem Finger siebenmal auf den Altar spritzen. So soll
er ihn von den Unreinheiten der Israeliten reinigen und ihn
heiligen.
20 Hat er so die Entsühnung des Heiligtums, des Offenba-
rungszeltes und des Altars beendet, soll er den lebenden
Bock herbringen lassen. 21 Aaron soll seine beiden Hände
auf den Kopf des lebenden Bockes legen und über ihm alle
Sünden der Israeliten, alle ihre Frevel und alle ihre Fehler
bekennen. Nachdem er sie so auf den Kopf des Bockes gela-
den hat, soll er ihn durch einen bereitstehenden Mann in die
Wüste treiben lassen 22 und der Bock soll alle ihre Sünden
mit sich in die Einöde tragen.

**Mk 8,31**
31 Dann begann er, sie darüber zu belehren, der Menschensohn müsse vieles erleiden und von den Ältesten, den Hohenpriestern und den Schriftgelehrten verworfen werden; er werde getötet, aber nach drei Tagen werde er auferstehen.

**Joh 3,16**
16 Denn Gott hat die Welt so sehr geliebt, dass er seinen einzigen Sohn hingab, damit jeder, der an ihn glaubt, nicht zugrunde geht, sondern das ewige Leben hat.

**1. Thess 2,15**
15 Diese haben sogar Jesus, den Herrn, und die Propheten getötet; auch uns haben sie verfolgt. Sie missfallen Gott und sind Feinde aller Menschen.

**Apg 8,32f.**
32 Der Abschnitt der Schrift, den er las, lautete: Wie ein Schaf wurde er zum Schlachten geführt; / und wie ein Lamm, das verstummt, / wenn man es schert, / so tat er seinen Mund nicht auf.
33 In der Erniedrigung wurde seine Verurteilung aufgehoben. / Seine Nachkommen, wer kann sie zählen? / Denn sein Leben wurde von der Erde fortgenommen.

**2. Kor 5,18–20**
18 Aber das alles kommt von Gott, der uns durch Christus mit sich versöhnt und uns den Dienst der Versöhnung aufgetragen hat.
19 Ja, Gott war es, der in Christus die Welt mit sich versöhnt hat, indem er den Menschen ihre Verfehlungen nicht anrechnete und uns das Wort von der Versöhnung (zur Verkündigung) anvertraute.
20 Wir sind also Gesandte an Christi statt, und Gott ist es, der durch uns mahnt. Wir bitten an Christi statt: Lasst euch mit Gott versöhnen!

**2. Kor 5,14**
14 Denn die Liebe Christi drängt uns, da wir erkannt haben: Einer ist für alle gestorben, also sind alle gestorben.

**1. Kor 6,20**
20 denn um einen teuren Preis seid ihr erkauft worden. Verherrlicht also Gott in eurem Leib!

**Röm 5,8**
8 Gott aber hat seine Liebe zu uns darin erwiesen, dass Christus für uns gestorben ist, als wir noch Sünder waren.

**Hebr 9,11–14**
11 Christus aber ist gekommen als Hoherpriester der künf-
tigen Güter; und durch das erhabenere und vollkommenere
Zelt, das nicht von Menschenhand gemacht, das heißt nicht
von dieser Welt ist, 12 ist er ein für allemal in das Heiligtum
hineingegangen, nicht mit dem Blut von Böcken und jungen
Stieren, sondern mit seinem eigenen Blut, und so hat er eine
ewige Erlösung bewirkt.
13 Denn wenn schon das Blut von Böcken und Stieren und
die Asche einer Kuh die Unreinen, die damit besprengt

werden, so heiligt, dass sie leiblich rein werden, **14** wie viel mehr wird das Blut Christi, der sich selbst kraft ewigen Geistes Gott als makelloses Opfer dargebracht hat, unser Gewissen von toten Werken reinigen, damit wir dem lebendigen Gott dienen.

## Anregungen zur Weiterarbeit

1. Arbeiten Sie aus den Bibelstellen **M 5** die biblische Deutung des Todes Jesu heraus.
2. Wählen Sie die Deutung aus, die Sie als am nachvollziehbarsten erachten, und erläutern Sie sie ausführlich.
3. Vergleichen Sie im Plenum die Deutungsansätze und Erläuterungen miteinander.
4. Interpretieren Sie das Bild unter **M 5** und geben Sie ihm, ausgehend von den biblischen Deutungsansätzen, einen passenden Titel.
5. Gestalten Sie, auch auf der Grundlage Ihrer Überlegungen zur Bedeutung des Todes Jesu Ihre eigene Darstellung Ihres Verständnisses von Jesu Tod.
6. Erarbeiten und vergleichen Sie die Ansätze zur Deutung des Todes Jesu in **M 6** und **M 7**, indem Sie die Perspektive von Anselm und Zahrnt einnehmen und dem jeweils anderen einen Brief schreiben. Stellen Sie darin den gewählten Ansatz vor und vergleichen Sie ihn mit dem jeweils anderen.

### M 6 Anselm von Canterbury: Satisfaktionslehre (Genugtuungslehre)

Aller Wille der vernunftbegabten Schöpfung muss dem Willen Gottes unterworfen sein. […] Das ist die Verpflichtung, die Engel und Mensch Gott schulden […] und jeder, der sie nicht einlöst, sündigt. […] Wer Gott diese geschuldete Ehre nicht erweist, nimmt Gott das seine und entehrt Gott; und das heißt sündigen. Solange er aber nicht einlöst, was er geraubt hat, bleibt er in Schuld. Es reicht aber nicht aus, nur das zurückzugeben, was weggenommen wurde, sondern aufgrund der verursachten Beleidigung muss er mehr zurückgeben, als er genommen hat. […] So muss also jeder, der sündigt, [bei] Gott die Ehre einlösen, die er geraubt hat; und das ist die Genugtuung, die jeder Sünder Gott leisten muss. Das aber kann nicht geschehen, wenn nicht jemand [bei] Gott für die Sünde des Menschen etwas einlöst, das größer ist als alles, was außerhalb von Gott existiert. […] Jener, der von sich her etwas geben kann, das alles außerhalb von Gott überragt, muss notwendig auch größer sein als alles Nichtgöttliche. […] Nichts aber ist über allem Nichtgöttlichen außer Gott. […] Also kann niemand außer Gott [selbst] diese Genugtuung leisten. […] Es darf sie aber niemand leisten außer dem Menschen. […] Wenn also, wie es feststeht, notwendigerweise durch Menschen jene obere Stadt vollendet werden muss [nämlich die Gemeinschaft der Seligen im Himmel], das aber nicht ohne die genannte Genugtuung geschehen kann, die niemand außer Gott leisten kann und niemand außer dem Menschen leisten darf: so ist es nötig, dass sie ein Gott-Mensch leiste.
Nichts Härteres aber und Schweres kann der Mensch zur Ehre Gottes freiwillig und ohne Verpflichtung erleiden als den Tod, und in keiner Weise kann sich der Mensch mehr hingeben, als wenn er sich zu dessen Ehre dem Tod überliefert. Jener [nämlich Christus …] brachte dem Vater freiwillig dar, was er durch keine Notwendigkeit jemals verlieren sollte, und er löste für die Sünder ein, was er für sich selbst nicht [einlösen] musste.

### M 7 Heinz Zahrnt zur Deutung des Todes Jesu

Ich bin in einem Christentum aufgewachsen, in dem das Leben Jesu im Vergleich zu seinem Sterben und Auferstehen nur eine geringe Rolle spielt – fast nur ein Vorspiel auf der Weltbühne göttlichen Heilsdramas. Entsprechend sagte man von den neutestamentlichen Evangelien gern, sie seien keine Biographien mit einem tragischen Schluss, sondern Passionsgeschichten mit ausführlichen Einleitungen. So wurden Jesu Tod und Auferstehung, losgelöst fast von seinem Leben, zu zwei in sich selbstständigen und aus sich selbst verständlichen Heilstatsachen. Dabei bereitete Jesu Tod mir stets die größere Beschwer.
Welche Deutungen seines Sterbens das Neue Testament auch bietet – ob als Sühneopfer, Passalamm, Stellvertretung, Genugtuung, Loskauf –, alle zielen zuletzt auf das Eine, dass Jesus am Kreuz auf Golgata stellvertretend für die Sünde der Menschheit gestorben sei – und dies nach Gottes ewigem Ratschluss! Aber gerade als ewige göttliche Heilstat wird Jesu Tod auch für Christen heute zum Ärgernis, und zwar nicht aus Unglauben, sondern eher aus Glauben. Ich höre

noch Eugen Kogons oft wiederholten, empörten Protest: „Was ist das für ein Gott, der seinen Sohn als Opferlamm schlachten lässt, um den Menschen ihre Sünden vergeben zu können!" Nun, der Gott, den Jesus als seinen „Vater" geglaubt und verkörpert hat, war es gewiss nicht. [...]
Von allen Deutungen des Todes Jesu im Neuen Testament erscheint mir der Gedanke der Stellvertretung noch als der plausibelste. „Stellvertretung" ist ein Lebensgesetz des menschlichen Daseins. Dass ein Menschenleben das andere nicht nur begrenzt und verdrängt, sondern auch für es eintreten kann, davon ist eine Ahnung und Erfahrung unter den Menschen vorhanden. Indem ein anderer an unser Statt etwas tut, stellt er uns davon frei – sein Tun kommt uns zugute. Im Falle Jesu aber darf die Stellvertretung nicht nur auf sein Leiden und Sterben bezogen sein, sondern muss sein ganzes Wirken – sein Glauben, Verkündigen und Verhalten – umgreifen. Leben und Sterben Jesu bedingen sich gegenseitig. Ohne sein Leben und Lehren wäre sein Tod nicht verständlich, ohne seinen Tod aber auch sein Leben und Lehren kaum zu solcher Bedeutung gelangt.
Jesu Tod ist weder ein göttlicher Einfall noch nur ein menschlicher Zufall gewesen, sondern die logische Konsequenz seines Lebens. Nicht Gott hat Jesus ans Kreuz gebracht – das haben Menschen getan. Wer behauptet, dass Jesu Tod aufgrund einer innertrinitarischen Verabredung zustande gekommen, mithin von Ewigkeit her beschlossen gewesen sei, muss die Konsequenzen in Kauf nehmen, dass Gott die Juden hat bewusst ins Unheil laufen lassen. Solche Gotteslästerung kommt heraus, wenn man die Heilsgeschichte „übergeschichtlich" versteht und sie so zu einem toten Geschiebe macht. Andererseits aber ist Jesu Tod auch kein reiner Zufall gewesen. War er auch nicht von Ewigkeit her vorgesehen, so war er doch von Anfang an abzusehen. Schließlich ist Jesus gekreuzigt worden und nicht im See Gennesaret beim Fischen ertrunken. Die Art seines Sterbens weist auf sein Leben zurück. Sein Glaube war es, der ihm seine „Freiheit zum Wort" gab, und seine Freiheit zum Wort war die Ursache seines Todes.
Wer so redet und handelt wie Jesus, ist für jedes religiöse und politische Establishment gleichermaßen ein Sicherheitsrisiko. Und so wird der Unruhestifter ausgeschaltet. Gewiss war die Kreuzigung Jesu ein Akt religiös-politischer Justiz – aber war es ein Fehlurteil? Was sich auf Golgata ereignet hat, war ebenso viel oder wenig ein „Justizmord" wie andere derartige Hinrichtungen in der blutigen Geschichte der Ideologien und Religionen. Auch in den Augen der christlichen Obrigkeiten galten Ketzer meistens zugleich als politische Aufrührer und die Zusammenarbeit zwischen dem „geistlichen" und dem „weltlichen" Amt hat hier gleichfalls reibungslos funktioniert. Nicht um für die Sünden der Menschheit zu sterben ist Jesus nach Jerusalem hinaufgezogen, sondern um im religiösen und nationalen Zentrum Israels die endgültige Entscheidung für oder wider seine Botschaft herauszufordern. Weil diese Botschaft von der Liebe Gottes handelt und Jesus sein Leben für sie hingegeben hat, kann ich mit gutem Grund sagen, dass er „für mich" gestorben ist. Unter den Bedingungen der menschlichen Existenz in der Welt hat Jesus die Liebe Gottes geglaubt und bis ans Ende „ausgelegt". Zu Recht ist das Kreuz darum zum Symbol der Christenheit geworden.

## M 8 Geiko Müller-Fahrenholz: Die Hoffnung hängt am Kreuz

Vier adventliche Wochen sehen die Architekten des Kirchenjahres vor, damit wir uns auf Weihnachten vorbereiten können. Aber der Weg zum Karfreitagsdrama ist viel länger. Sieben Wochen dauert die Passionszeit. Das hat seinen guten Sinn; denn der Weg zum Kreuz ist weit. Auf dieser „via dolorosa" machen viele kehrt.

*1. Kennen Sie „MATRIX"?*
„MATRIX" ist ein Film, der im letzten Jahr wochenlang in unseren Kinos lief. Ein „Kultfilm", vor allem für Jüngere. Er spielt in einer fernen Zukunft: Die Erde wird von einem weltumspannenden Computerprogramm, „Matrix" genannt, gesteuert. Die meisten Erdbewohner wissen freilich gar nicht mehr, dass sie beherrscht und kontrolliert sind. Nur noch wenige sind noch richtige Menschen. Sie leben in einer geheimen Stadt, sinnigerweise „Zion" genannt. Für die entscheidende Schlacht gegen die Herren der „MATRIX" suchen zwei Gottartige Wesen den „Dritten im Bunde". Bei diesen beiden handelt es sich um eine Vaterfigur, „Morpheus" genannt, und um eine jüngere Frau mit den Namen „Trinity" (Trinität).
Der Film handelt nun davon, dass sie einen jungen Mann finden, in dem sie den Erwählten, den Neuen Messias gefunden zu haben glauben. Sie führen ihn durch schwere Erprobungen und Kämpfe, um herauszufinden, ob dieser Neue seiner messianischen Berufung gewachsen ist. Gegen Ende des Films wird er von den satanischen Herren der „Matrix" getötet, aber durch den Kuss der „Trinität" auferweckt. Danach ist er allmächtig und unverwundbar. Die Maschinengewehrsalven, die auf ihn abgefeuert werden, wehrt er mit einer hoheitlichen Geste ab. Die letzte Szene zeigt, wie er, umgeben von einer Menge programmierter „Erdlinge" – denn „Menschen" sind sie ja eigentlich nicht – in den Himmel auffährt.
Ich habe diesen Streifen zusammen mit meiner Tochter und ihrem Freund – beide Mitte 20 – angesehen. Erst als wir darüber sprachen, wurde uns die religiöse „Botschaft" bewusst. Die Erde, um die es da geht, ist durch und durch erlösungsbedürftig. Und die Rettung der Welt wird von einer „Trinität" erwartet. Von der „Trinität" geht die Macht aus, die Tote auferstehen lässt. Die Erlösung der Welt kann aber nur von einem Erwählten kommen, der die gewalttätigen und bedenkenlosen Mächte der „Matrix" mit noch schärferer Bedenkenlosigkeit und noch radikalerer Gewaltbereitschaft überwindet. Der Messias, der in diesem Film (an)gepriesen und verherrlicht wird, ist am Ende unverwundbar, unverwüstlich, jung und unsterblich. [...]

*2. Von der Macht der Bilder*
[...] Ist es lediglich mein Kulturpessimismus, der einen Film wie „Matrix" mit Horror zur Kenntnis nimmt? Pessimismus hin, Optimismus her, für mich steht fest, dass auch die Menschen unserer Tage von und mit den Bildern leben, die in ihrer Seele liegen und vor ihr inneres Auge gestellt werden. Der amerikanische Psychologe Robert Jay Lifton stellt in seinem Buch „The Broken Connection" kategorisch fest: „We live on images." Wir leben in und nach Bildern. Als Menschen erkennen wir unsere Körper und unsere Vorstellungswelt nur durch das, was wir uns ein-bilden (to imagine) können.

Was wir uns ein-bilden oder ein-bilden lassen, das trägt dazu bei, wie wir uns unsere Welt vorstellen. […]
Die Bilder, die wir in uns tragen, haben ihre Geschichte, und sie machen unsere Geschichte. Darum sage mir niemand, dass die gewalttätigen Bilder und Konfliktszenarien, die uns Tag für Tag in Film und Fernsehen vor Augen geführt und in unser Bewusstsein eingehämmert werden, harm- und folgenlos seien. Sie dringen in uns ein, sie lagern sich in uns ab und bilden so die „Matrix" der Vorstellungen, nach denen wir unser Leben führen.

*3. „Ecce homo!" – „Seht, welch ein Mensch!"*
Die Passionszeit lädt uns ein, den Weg des Jesus von Nazareth bis zu seiner Kreuzigung nachzugehen und uns ein Bild von dem zu machen, was sich dort zugetragen hat. Die Evangelien schildern uns einen Menschen, der mit Gott im Bunde war wie niemand vor ihm. Dieser nannte den Unnennbaren auf die intimste Weise „Abba", also „Papa". Er ist ein Bruder der Ausgestoßenen, ein Freund der Verfemten, der Inbegriff der Menschenfreundlichkeit. Und gerade deswegen endet er am Kreuz. „Ecce homo" heißt es bei Pontius Pilatus in ungläubiger Verwunderung. „Seht diesen Menschen!" Ist dies der Mensch, wie er sein soll? Oder ist dies die Parodie von einem richtigen Mann?
„Wahrhaftig", heißt es bei dem Hauptmann des römischen Exekutivkommandos: „Dieser Mensch ist Gottes Sohn gewesen!" Wie kann es angehen, dass jemand in diesem entblößten und wehrlosen Menschen am Kreuz, in diesem Schmerzensmann, den Sohn Gottes erkennt?
Das Bild des Gekreuzigten hat immer wieder Abscheu und Erschrecken ausgelöst. Hinduisten zum Beispiel finden es abscheulich, dass der Gekreuzigte das zentrale Bild im christlichen Glauben darstellt. Da ist gar keine Erhabenheit und Würde! Wie soll jemand die Welt überwinden, der so ganz und gar unter ihre Räder kommt?
Gewiss ist das Kreuz ein Bild für Gewalt. Aber es verherrlicht diese Gewalt nicht. Jesu Passion stellt lediglich auf sehr realistische Weise fest, dass unsere Welt so ist, voller Folter, Abscheu und Gewalt. Und zugleich ist das Kreuz das Ur-Bild für eine Liebe, die sich – und uns! – treu bleibt. Dieser Mensch bleibt seiner Menschenfreundlichkeit treu, gerade in diesem entsetzlichen Tod. Als es eng wird, schwenkt er nicht auf Vergeltung um, wie das normalerweise geschieht. Er lässt nicht andere über die Klinge springen, um die eigene Haut zu retten. Dieser Mensch lässt sich ans Kreuz drängen. Und betet: „Vater, vergib ihnen, denn sie wissen nicht, was sie tun."
Man benötigt mehr als sieben Wochen, um diesen Satz zu begreifen.
Wir sind angefüllt mit den Bildern von den jugendlich-schönen, heldenhaft unverwundbaren „Lieblingen der Götter", heute prosaisch „Stars" genannt. So hätten wir Gott gerne: allmächtig, unnahbar, unermesslich reich. Wenn aber dieser Jesus auch und gerade in seinem Kreuzestod Gottes Sohn bleibt, dann wird uns ein ganz anderes Gottesbild zugemutet. Dann ist Gott bei den Leidenden und nicht bei den Superstars. Dann wird die „Macht seiner Liebe" erst in der schrecklichen Ohnmacht des Kreuzes erkannt.
Darum schrieb Bonhoeffer in seiner Gefängniszelle: „Nur der leidende Gott kann helfen", und bei dem amerikanischen Theologen Heny Nouwen findet sich ein Buch mit dem Titel „The Wounded Healer". Der verwundete Heiler. Das ist der Messias. Im Zentrum des christlichen Messianismus steht die Gestalt des Leidenden, des Geschmähten, der „um unserer Missetat willen verwundet und um unserer Sünde willen zerschlagen wurde und durch dessen Wunden wir geheilt sind (wie es in Jesaja 53 heißt)."

*4. Die „Sieger-Religion" und das Vermächtnis des Verlierers*
So wie wir Gott haben möchten, so möchten wir uns selber haben: allmächtig, unverwundbar, unermesslich reich. Am Erfolg entscheidet sich, was für ein Mensch du bist. Deshalb bemisst sich, was du wert bist, danach, wie erfolgreich du dich verkaufst. Werbung und Unterhaltungsindustrie, Wirtschaft und Politik drehen sich um die „Siegertypen". Wer nicht „number one" sein kann, wird als „loser", als Verlierer, abgestempelt. […]
Darum ist der Film „Matrix" Kult. Er präsentiert uns den unverwundbaren Heiland. Wenn dieser uns erlösen soll, dann gnade uns Gott!
Denn was ist das für ein Bild vom Menschen? Es ist die offensichtlich unstillbare Sehnsucht nach Allmacht. […] Diese Bilder sind Illusionen. Das weiß im Grunde jeder. Einmal wird auch der jugendliche Superheld ein Mann mit schütterem Haar und dritten Zähnen sein. […] Aber gerade weil die Sehnsucht nach Unverwundbarkeit eine Illusion ist, verlangt sie die größten Opfer. Wer „on top" sein will, muss „alles" geben. Er muss zum Selbstopfer bereit sein. Er muss auch bereit sein, alle, die sich ihm in den Weg stellen, beiseite zu schieben. Der Weg zur Spitze ist mit Opfern gepflastert. Wie viele Menschenopfer werden auf den Altären der „Sieger" dargebracht. Sie sind nicht zu zählen.
Ich sehe in der „Sieger-Religion" unserer Tage ein zerstörerisches Menschheitsbild. Es ist zerstörerisch und nihilistisch, weil es die Schattenseite alles Menschlichen, nämlich Schwäche und Krankheit, Gebrechlichkeit und Sterben, verleugnet. Die Loser sind selber schuld an ihrem Elend, heißt es dann. Wer nicht mehr mithalten kann, soll sich am besten verstecken. Alter ist etwas Schändliches. […]
Was bei derart massiver „Verdrängungsarbeit" herauskommen wird, lässt sich ausrechnen: Gewalt und noch mehr Gewalt. Eine gnadenlose Gesellschaft.
Die ersten Christen haben ein Motto gefunden, in dem sie ihr Bild von einem heilen, heilsamen und geheilten Leben zusammenfassten: „Salve crux – spes unica." Zu Deutsch: „Heil dir, Kreuz, einzige Hoffnung."
Sieben Wochen Passionszeit können uns helfen, die Alternative zu erkennen, die in dem Kreuz des Jesus von Nazareth liegt. Diese Alternative zur vorherrschenden Sieger-Religion enthält zuerst eine große Portion Wirklichkeitssinn, sie nimmt nämlich wahr, dass Menschen Gewinner und Verlierer sind, dass Größe und Schwäche, Mut und Verwundbarkeit, Jungsein und Altwerden zueinander gehören. Daraus folgt, dass wir uns und andere mit mehr Empathie und Einfühlsamkeit betrachten. In der Annäherung an das Kreuz erkennen wir den Menschen in seiner Verwundbarkeit und Bedürftigkeit. Ecce homo! So ist der Mensch! Wer nur die Siegerseite haben will, macht ihn zum Monster.

*5. Das Kreuz und der Krieg der Sterne*

Der Film „Matrix" spielt in einer Welt, die in unmenschlicher Gewalt untergegangen ist. Viele Science-Fiction-Filme gehen von diesem Bild aus. Sie zeigen uns eine Erde, die wieder „wüst und leer" geworden ist, mehr noch, sie gehen davon aus, dass auch zwischen den Sternen nichts anderes herrscht als Krieg. „Star Wars." Das ist das fatale kosmische Gesetz, welches die „Terminatoren" und „Jedi-Ritter" zu endlosen Kämpfen verdammt. Hinter ihren intergalaktischen Kriegszügen verbirgt sich eine furchtbare apokalyptische Ahnung: Es gibt, bis in alle Ewigkeit, nur dies: Krieg und wieder Krieg. Gewalt und Gegengewalt.

Gegen diese Albträume unendlicher Zerstörung steht das Kreuz. „Liebet eure Feinde!", sagt es. Unterbrecht also den fatalen Wiederholungszwang der Gewalt und seht endlich ein: Eure Feinde sind nicht anders als ihr. „Tut Gutes denen, die euch hassen", sagt es. Also durchbrecht die Koalitionen derer, die nur ihre eigenen Interessen verfolgen und andere bluten lassen. „Bittet für die, die euch beleidigen und verfolgen", sagt es. Mit anderen Worten: Die Teufelskreise von Vergeltung und Rache lassen sich durchbrechen, wenn ihr bereit seid, Böses mit Gutem zu vergelten.

Es wird oft so getan, als sei diese Logik des Kreuzes eine unzumutbare Vision, ein irrealer Wunschtraum. Gleichwohl besteht der, der am Kreuz gelitten hat, darauf, dass es gut sei, sein Kreuz auf sich zu nehmen, und von ihm, dem Gekreuzigten, zu lernen: „Mein Kreuz ist sanft, und meine Last ist leicht."

Wer diese Worte für unrealistisch hält, hat sich noch kein realistisches Bild von den Verhältnissen gemacht, unter denen die meisten Menschen dieser Erde ihr Leben fristen müssen. Ich denke an die von Krieg zerstörten Städte, an die chaotischen Zustände in vielen Ländern, an das Elend der riesenhaften Städte, an die Versteppung von Regionen durch Raubbau und Überweidung – was für eine schwere Last ist es, unter solchen Umständen zu leben. Wie mühsam ist es, sein Dasein unter der ständigen Drohung von Krieg, Vertreibung oder Misere zu fristen.

Heil dir, Kreuz, einzige Hoffnung.

Nun weiß ich wohl, dass gerade das Kreuz oft missbraucht worden ist. Als der Kaiser Konstantin den verhängnisvollen Einfall hatte, das Kreuz als Siegeszeichen in die entscheidende Schlacht zu führen („In diesem Zeichen wirst du siegen!"), da wurde aus dem Zeichen der leidensbereiten Liebe das Symbol verfolgungsbereiter Macht. Die Koalition von Schwert und Kreuz hat in der Geschichte eine blutige Spur hinterlassen.

Sieben Wochen auf dem Weg zum Kreuz. Die Zeit reicht nicht aus, um hinter diesen Verzerrungen zu dem Kreuz zurückzufinden, das vor den Toren Jerusalems aufgerichtet wurde. Von dort kommt eine kritische und aufbauende Kraft. Es besteht darauf: Wenn jemand ein Interesse daran hat, dass in dieser Welt weniger gelitten wird, dann nur so, dass Leid getragen wird. Wer es auf andere abwälzt, macht es nur schwerer. Wenn einer des andern Last trägt, dann wird es leichter, und zwar für beide!

Das Kreuz hält das Mysterium der Menschlichkeit wach. Wo es verraten wird, nimmt die Menschlichkeit Schaden. Darum hängt die Hoffnung auf die Zukunft des Menschlichen am Kreuz. Mit ihm wird sie stehen oder fallen.

## M9 Arnulf Rainer: Wein-Kruzifix

**Arnulf Rainer, Wein-Kruzifix, 1957/1978, Öl auf Leinwand, 1680 x 1030 cm**

### Anregungen zur Weiterarbeit

1. Arbeiten Sie heraus, wie Müller-Fahrenholz M 8 das „Kreuz" versteht bzw. was es für ihn bedeutet.
2. Setzen Sie sich mit den Thesen zum Kreuzesverständnis auseinander.
3. Erläutern Sie die Kritik, die der Autor gegen verzerrte Messias-Bilder äußert.
4. Beschreiben Sie das Bild von Arnulf Rainer M 9.
5. Interpretieren Sie Rainers Bild.
6. Nehmen Sie Stellung, ob Arnulf Rainer einen Ihrer Meinung nach geeigneten Weg findet, Jesu Tod künstlerisch zu deuten.

## 3.3 Jesus ist auferstanden! – Die Botschaft von Ostern

### M1 Das urchristliche Zeugnis von Jesu Auferstehung (1 Kor 15,1–8)

1 Ich erinnere euch, Brüder, an das Evangelium, das ich euch
verkündet habe. Ihr habt es angenommen; es ist der Grund,
auf dem ihr steht. 2 Durch dieses Evangelium werdet ihr
gerettet, wenn ihr an dem Wortlaut festhaltet, den ich euch
verkündet habe. Oder habt ihr den Glauben vielleicht un-
überlegt angenommen?
3 Denn vor allem habe ich euch überliefert, was auch ich
empfangen habe: Christus ist für unsere Sünden gestorben, /
gemäß der Schrift, 4 und ist begraben worden. / Er ist am
dritten Tag auferweckt worden, / gemäß der Schrift, 5 und
erschien dem Kephas, dann den Zwölf. 6 Danach erschien er
mehr als fünfhundert Brüdern zugleich; die meisten von ih-
nen sind noch am Leben, einige sind entschlafen. 7 Danach
erschien er dem Jakobus, dann allen Aposteln.
8 Als Letztem von allen erschien er auch mir, dem Unerwar-
teten, der „Missgeburt".

### M2 Die Auferstehung Jesu in den Evangelien

**Mt 28,1–10**

1 Nach dem Sabbat kamen in der Morgendämmerung des
ersten Tages der Woche Maria aus Magdala und die andere
Maria, um nach dem Grab zu sehen. 2 Plötzlich entstand ein
gewaltiges Erdbeben; denn ein Engel des Herrn kam vom
Himmel herab, trat an das Grab, wälzte den Stein weg und
setzte sich darauf. 3 Seine Gestalt leuchtete wie ein Blitz
und sein Gewand war weiß wie Schnee.
4 Die Wächter begannen vor Angst zu zittern und fielen
wie tot zu Boden. 5 Der Engel aber sagte zu den Frauen:
Fürchtet euch nicht! Ich weiß, ihr sucht Jesus, den Gekreu-
zigten. 6 Er ist nicht hier; denn er ist auferstanden, wie er
gesagt hat. Kommt her und seht euch die Stelle an, wo er
lag. 7 Dann geht schnell zu seinen Jüngern und sagt ihnen:
Er ist von den Toten auferstanden. Er geht euch voraus nach
Galiläa, dort werdet ihr ihn sehen. Ich habe es euch gesagt.
8 Sogleich verließen sie das Grab und eilten voll Furcht und
großer Freude zu seinen Jüngern, um ihnen die Botschaft zu
verkünden.
9 Plötzlich kam ihnen Jesus entgegen und sagte: Seid ge-
grüßt! Sie gingen auf ihn zu, warfen sich vor ihm nieder und
umfassten seine Füße. 10 Da sagte Jesus zu ihnen: Fürchtet
euch nicht! Geht und sagt meinen Brüdern, sie sollen nach
Galiläa gehen und dort werden sie mich sehen.

**Mk 16,1–8**

1 Als der Sabbat vorüber war, kauften Maria aus Magdala,
Maria, die Mutter des Jakobus, und Salome wohlriechende
Öle, um damit zum Grab zu gehen und Jesus zu salben.
2 Am ersten Tag der Woche kamen sie in aller Frühe zum
Grab, als eben die Sonne aufging. 3 Sie sagten zueinander:
Wer könnte uns den Stein vom Eingang des Grabes wegwäl-
zen? 4 Doch als sie hinblickten, sahen sie, dass der Stein
schon weggewälzt war; er war sehr groß.
5 Sie gingen in das Grab hinein und sahen auf der rechten
Seite einen jungen Mann sitzen, der mit einem weißen Ge-
wand bekleidet war; da erschraken sie sehr. 6 Er aber sagte
zu ihnen: Erschreckt nicht! Ihr sucht Jesus von Nazaret, den
Gekreuzigten. Er ist auferstanden; er ist nicht hier. Seht, da
ist die Stelle, wo man ihn hingelegt hatte. 7 Nun aber geht
und sagt seinen Jüngern, vor allem Petrus: Er geht euch vo-
raus nach Galiläa; dort werdet ihr ihn sehen, wie er es euch
gesagt hat.
8 Da verließen sie das Grab und flohen; denn Schrecken und
Entsetzen hatte sie gepackt. Und sie sagten niemand etwas
davon; denn sie fürchteten sich.

**Lk 24,1–12**

1 Am ersten Tag der Woche gingen die Frauen mit den wohl-
riechenden Salben, die sie zubereitet hatten, in aller Frühe
zum Grab. 2 Da sahen sie, dass der Stein vom Grab wegge-
wälzt war; 3 sie gingen hinein, aber den Leichnam Jesu, des
Herrn, fanden sie nicht.
4 Während sie ratlos dastanden, traten zwei Männer in
leuchtenden Gewändern zu ihnen. 5 Die Frauen erschraken
und blickten zu Boden. Die Männer aber sagten zu ihnen:
Was sucht ihr den Lebenden bei den Toten? 6 Er ist nicht
hier, sondern er ist auferstanden. Erinnert euch an das, was
er euch gesagt hat, als er noch in Galiläa war: 7 Der Men-
schensohn muss den Sündern ausgeliefert und gekreuzigt
werden und am dritten Tag auferstehen.
8 Da erinnerten sie sich an seine Worte. 9 Und sie kehrten
vom Grab in die Stadt zurück und berichteten alles den Elf
und den anderen Jüngern. 10 Es waren Maria Magdalene,
Johanna und Maria, die Mutter des Jakobus; auch die üb-
rigen Frauen, die bei ihnen waren, erzählten es den Apos-
teln. 11 Doch die Apostel hielten das alles für Geschwätz
und glaubten ihnen nicht.
12 Petrus aber stand auf und lief zum Grab. Er beugte sich
vor, sah aber nur die Leinenbinden (dort liegen). Dann ging
er nach Hause, voll Verwunderung über das, was geschehen
war.

**Joh 20,1–10**

1 Am ersten Tag der Woche kam Maria von Magdala früh-
morgens, als es noch dunkel war, zum Grab und sah, dass
der Stein vom Grab weggenommen war. 2 Da lief sie schnell
zu Simon Petrus und dem Jünger, den Jesus liebte, und sagte
zu ihnen: Man hat den Herrn aus dem Grab weggenommen
und wir wissen nicht, wohin man ihn gelegt hat.
3 Da gingen Petrus und der andere Jünger hinaus und ka-
men zum Grab; 4 sie liefen beide zusammen dorthin, aber
weil der andere Jünger schneller war als Petrus, kam er als
erster ans Grab. 5 Er beugte sich vor und sah die Leinenbin-
den liegen, ging aber nicht hinein.
6 Da kam auch Simon Petrus, der ihm gefolgt war, und ging
in das Grab hinein. Er sah die Leinenbinden liegen 7 und
das Schweißtuch, das auf dem Kopf Jesu gelegen hatte; es
lag aber nicht bei den Leinenbinden, sondern zusammen-

gebunden daneben an einer besonderen Stelle. 8 Da ging
auch der andere Jünger, der zuerst an das Grab gekommen
war, hinein; er sah und glaubte. 9 Denn sie wussten noch
nicht aus der Schrift, dass er von den Toten auferstehen
musste. 10 Dann kehrten die Jünger wieder nach Hause
zurück.

## Anregungen zur Weiterarbeit

1. Skizzieren Sie die einzelnen biblischen Berichte von der Auferstehung Jesu in M 1 und M 2.
2. Vergleichen Sie anschließend die biblischen Befunde und definieren Sie auf dieser Grundlage, was „Auferstehung“ ist.
3. Erarbeiten Sie, wie in M 3 bis M 6 jeweils „Auferstehung“ definiert wird.
4. Erarbeiten Sie, wie Franz-Josef Nocke „Auferstehung“ beschreibt (M 7). Ergänzen Sie dann Ihre Definition von Auferstehung.

## M 3 Alois Albrecht: Manchmal feiern wir ... ein Fest der Auferstehung

**1. Strophe:**
Manchmal feiern wir mitten im Tag ein Fest der Auferstehung, Stunden werden eingeschmolzen und ein Glück ist da.

**2. Strophe:**
Manchmal feiern wir mitten im Wort ein Fest der Auferstehung, Sätze werden aufgebrochen und ein Lied ist da.

**3. Strophe:**
Manchmal feiern wir mitten im Streit ein Fest der Auferstehung, Waffen werden umgeschmiedet und ein Friede ist da.

**4. Strophe:**
Manchmal feiern wir mitten im Tun ein Fest der Auferstehung, Sperren werden übersprungen und ein Geist ist da.

Manchmal feiern wir mitten im Tag
T: Albrecht, Alois


## M 4 Annette Bartusch-Goger: Auferstehung

Annette Bartusch-Goger, Auferstehung, 2004, Diptychon, 60 x 100 cm, Acryl/Asche

## M5 Kurt Marti: Ihr fagt ...

ihr fragt
wie ist
die auferstehung der toten?
        ich weiß es nicht

ihr fragt
wann ist
die auferstehung der toten?
        ich weiß es nicht

ihr fragt
gibts
die auferstehung der toten?
        ich weiß es nicht

ihr fragt
gibts
keine auferstehung der toten?
        ich weiß es nicht

ich weiß
nur
wonach ihr nicht fragt:
        die auferstehung derer die leben

ich weiß
nur
wozu Er uns ruft:
        zu auferstehung heute und jetzt

## M6 Dan 12,2, Röm 6,3–11 und 1 Kor 15,35–56

**Dan 12,2**

2 Von denen, die im Land des Staubes schlafen, werden viele erwachen, die einen zum ewigen Leben, die anderen zur Schmach, zu ewigem Abscheu.

**Röm 6,3–11**

3 Wisst ihr denn nicht, dass wir alle, die wir auf Christus Jesus getauft wurden, auf seinen Tod getauft worden sind? 4 Wir wurden mit ihm begraben durch die Taufe auf den Tod; und wie Christus durch die Herrlichkeit des Vaters von den Toten auferweckt wurde, so sollen auch wir als neue Menschen leben. 5 Wenn wir nämlich ihm gleich geworden sind in seinem Tod, dann werden wir mit ihm auch in seiner Auferstehung vereinigt sein.
6 Wir wissen doch: Unser alter Mensch wurde mitgekreuzigt, damit der von der Sünde beherrschte Leib vernichtet werde und wir nicht Sklaven der Sünde bleiben. 7 Denn wer gestorben ist, der ist frei geworden von der Sünde. 8 Sind wir nun mit Christus gestorben, so glauben wir, dass wir auch mit ihm leben werden. 9 Wir wissen, dass Christus, von den Toten auferweckt, nicht mehr stirbt; der Tod hat keine Macht mehr über ihn. 10 Denn durch sein Sterben ist er ein für allemal gestorben für die Sünde, sein Leben aber lebt er für Gott.
11 So sollt auch ihr euch als Menschen begreifen, die für die Sünde tot sind, aber für Gott leben in Christus Jesus.

**1 Kor 15,35–56**

35 Nun könnte einer fragen: Wie werden die Toten auferweckt, was für einen Leib werden sie haben? 36 Was für eine törichte Frage! Auch das, was du säst, wird nicht lebendig, wenn es nicht stirbt. 37 Und was du säst, hat noch nicht die Gestalt, die entstehen wird; es ist nur ein nacktes Samenkorn, zum Beispiel ein Weizenkorn oder ein anderes. 38 Gott gibt ihm die Gestalt, die er vorgesehen hat, jedem Samen eine andere.
39 Auch die Lebewesen haben nicht alle die gleiche Gestalt. Die Gestalt der Menschen ist anders als die der Haustiere, die Gestalt der Vögel anders als die der Fische. 40 Auch gibt es Himmelskörper und irdische Körper. Die Schönheit der Himmelskörper ist anders als die der irdischen Körper. 41 Der Glanz der Sonne ist anders als der Glanz des Mondes, anders als der Glanz der Sterne; denn auch die Gestirne unterscheiden sich durch ihren Glanz.
42 So ist es auch mit der Auferstehung der Toten. Was gesät wird, ist verweslich, was auferweckt wird, unverweslich. 43 Was gesät wird, ist armselig, was auferweckt wird, herrlich. Was gesät wird, ist schwach, was auferweckt wird, ist stark. 44 Gesät wird ein irdischer Leib, auferweckt ein überirdischer Leib. Wenn es einen irdischen Leib gibt, gibt es auch einen überirdischen.
45 So steht es auch in der Schrift: Adam, der Erste Mensch, wurde ein irdisches Lebewesen. Der Letzte Adam wurde lebendig machender Geist.
46 Aber zuerst kommt nicht das Überirdische; zuerst kommt das Irdische, dann das Überirdische.
47 Der Erste Mensch stammt von der Erde und ist Erde; der Zweite Mensch stammt vom Himmel. 48 Wie der von der Erde irdisch war, so sind es auch seine Nachfahren. Und wie der vom Himmel himmlisch ist, so sind es auch seine Nachfahren.
49 Wie wir nach dem Bild des Irdischen gestaltet wurden, so werden wir auch nach dem Bild des Himmlischen gestaltet werden.
50 Damit will ich sagen, Brüder: Fleisch und Blut können das Reich Gottes nicht erben; das Vergängliche erbt nicht das Unvergängliche. 51 Seht, ich enthülle euch ein Geheimnis: Wir werden nicht alle entschlafen, aber wir werden alle verwandelt werden – 52 plötzlich, in einem Augenblick, beim letzten Posaunenschall. Die Posaune wird erschallen, die Toten werden zur Unvergänglichkeit auferweckt, wir aber werden verwandelt werden. 53 Denn dieses Vergängliche muss sich mit Unvergänglichkeit bekleiden und dieses Sterbliche mit Unsterblichkeit.
54 Wenn sich aber dieses Vergängliche mit Unvergänglichkeit bekleidet und dieses Sterbliche mit Unsterblichkeit, dann erfüllt sich das Wort der Schrift: Verschlungen ist der Tod vom Sieg. 55 Tod, wo ist dein Sieg? / Tod, wo ist dein Stachel?
56 Der Stachel des Todes aber ist die Sünde, die Kraft der Sünde ist das Gesetz.

## M7 Franz-Josef Nocke: Leibhaftige Auferstehung

Die ganze christliche Überlieferungsgeschichte bezeugt, wenn auch mit unterschiedlichen Akzenten, den Glauben an die Leibhaftigkeit der Auferstehung. Was aber ist in diesem Zusammenhang mit „Leib" und „Leibhaftigkeit" gemeint? Diese Frage, die schon Paulus zu schaffen machte (vgl. 1 Kor 15,35) und in der Theologiegeschichte zu immer neuen Denkansätzen führte, wird auch heute unterschiedlich beantwortet.

Oft identifiziert man einfach „Leib" und „Körper". Dann wäre die Auferstehung des Leibes die Rekonstruktion des Körpers, der beim Tod zu zerfallen begann. Die neuscholastische Theologie war mehr oder weniger von dieser Vorstellung bestimmt. Im Gegensatz dazu geht die Mehrheit der heutigen katholischen Theologen von einem personalen Leibverständnis aus: Zum Menschsein gehören wesentlich das In-der-Welt-Sein, die Kommunikation mit anderen und das Verwobensein in die Geschichte. Diese drei – einander bedingenden – Grundbestimmungen des Menschen machen seine Leibhaftigkeit aus. Auferweckung des Leibes bedeutet, dass der ganze Mensch mit seiner ganzen Lebensgeschichte, mit all seinen Beziehungen zu anderen eine Zukunft hat und dass in der Vollendung des Menschen auch ein Stück Welt vollendet wird. […] Der Mensch wird nicht *von* der Welt erlöst, sondern *mit* ihr; er soll nicht aus der Geschichte aussteigen und alle Beziehungen zu anderen endgültig hinter sich lassen, sondern seine Lebensgeschichte und alle in ihr gewordenen Beziehungen sollen mit in seine Vollendung eingehen. Das jetzige (weltverbundene) Leben wird nicht durch ein künftiges (rein geistiges) Leben ersetzt; sondern es wird verwandelt und vollendet.

So verstanden, kann der Auferstehungsglaube nicht, wie es die Religionskritik sah, Ablenkung von der Gegenwart und vom Diesseits bedeuten. Im Gegenteil: Wenn jede Tat und jede personale Beziehung, wenn dieses ganze irdische Leben und die vom Menschen gestaltete Geschichte eine ewige Zukunft haben, dann ergibt sich gerade daraus ein verstärktes Interesse am jetzt und hier lebenden Leben.

**Meister Francke: Thomas-Altar, 1424–1436. Auferstehung Christi. Ca. 99 x 89 cm. Eichenholz. Hamburg, Kunsthalle**

## M8 René Marlé: Die Auferstehung als historisches Ereignis

Die katholische Exegese versucht nicht, die bedeutenden Divergenzen zu verschleiern, die bei dem Vergleich einer Reihe von in den Texten enthaltenen Gegebenheiten auftauchen. Aber diese Divergenzen überschreiten nicht das Ausmaß jener Schwierigkeiten, denen man beim Bericht derselben Tatsache durch verschiedene Zeugen begegnet. Es ist ohne allzu große Anstrengung möglich, eine Anzahl dieser mehr scheinbaren als wirklichen Gegensätze zu beheben, weil sie auf Divergenzen des Gesichtspunktes oder der theologischen Intention des Evangelisten beruhen. Wie P. Benoit zeigt, vermögen die Divergenzen in den Erscheinungsberichten sogar die Zuverlässigkeit des für die Auferstehung abgelegten Zeugnisses zu erhöhen. Eine spätere Schöpfung wäre wohl mehr auf Zusammenhang bedacht gewesen; die Verschiedenheit spiegelt hingegen originale und unabhängige Traditionen wider, die so, wie sie waren, auf uns gekommen sind, ohne dass man versuchte, sie zu vereinen, denn sie prägten sich dem Gedächtnis ein.

Der Befund des Neuen Testaments im ganzen gestattet, das geschichtliche Faktum der Auferstehung Jesu mit Sicherheit zu behaupten, selbst wenn man gleichzeitig den einmaligen Charakter dieses Faktums und seine Beziehung zu einer „über"-geschichtlichen Ordnung, zu einem „Mysterium", das jede empirische Gegebenheit überschreitet, herausstellen muss. […] Die Hauptelemente dieses Faktums müssen präzisiert werden, damit einerseits die Auferstehung Jesu nicht auf die Ebene einer Zeitungsmeldung herabgedrückt und andererseits nicht ihre „Historizität", wie z. B. bei Bultmann, nur in der Entstehung des Glaubens der Jünger gesehen wird. Gegenüber dem ersten Irrtum kann man – und man hält sich dabei ganz an die schlichten Gegebenheiten der Schrift – mit Thomas von Aquin (S. th. III 55,2) darauf hinweisen, dass die Auferstehung selbst von keinem Menschen beobachtet, sondern von den Engeln verkündet wurde, bevor der Auferstandene sich in seiner neuen Daseinsweise „den von Anfang an vorbestimmten Zeugen" (Apg 10,41) zeigte. Denn die Schrift berichtet an keiner Stelle, dass Jesus denen, die nicht glauben wollen, erschienen wäre, um sie zu widerlegen. Den Erscheinungen antwortet stets der Glaube, auch wenn dieser sich nicht ohne Widerstreben entscheidet (Lk 24,37f; Joh 20.17f).

Wenn die Auferstehung Jesu durch das Neue Testament stets in Verbindung mit Glauben und Zeugnis dargestellt wird, so steht sie als objektives Faktum der Historie doch auf folgenden Gegebenheiten:

Auf dem wirklichen Tod Jesu am Kreuz, den Pilatus, die Soldaten und Feinde Jesu ebenso bezeugen wie seine Freunde; dies wird heute von niemandem mehr ernsthaft geleugnet.

Auf dem Begräbnis, das die ältesten Dokumente bezeugen (1 Kor 15, Reden der Apostelgeschichte und die vier Evangelien). Wäre das Faktum legendär, dann hätte man den Apo-

steln eine rühmlichere Rolle zugeteilt und nicht auf Joseph von Arimathäa zurückzugreifen brauchen. Die archäologischen Feststellungen und das, was man über die römischen Institutionen weiß, stimmen in diesem Punkt mit dem Bericht der Evangelien überein.
Auf dem leeren Grab. Welchen sekundären Divergenzen man in diesem Punkt auch immer begegnen mag, die Bezeugung durch die vier Evangelien unterstreicht das Alter und die Allgemeinheit dieses Glaubens. H. von Campenhausen zögert nicht, vom Standpunkt der historischen Kritik aus die Priorität der Feststellung des leeren Grabes gegenüber den Erscheinungen festzuhalten. Wie wir schon gezeigt haben, kann man die Tatsache, dass Paulus nicht direkt vom leeren Grab spricht, um so weniger überfordern, als er ja betont, dass Jesus begraben wurde (1 Kor 15,4). Wie könnte Paulus, der so kraftvoll die Bedeutung der leiblichen Auferstehung Jesu betont – sie ist „einer der Angelpunkte" seiner Lehre –, gedacht haben, Jesus sei im Grab verblieben? Genau so wenig darf man in dem Schweigen der Frauen nach der Entdeckung des leeren Grabes eine ernste Schwierigkeit oder gar einen Einwand sehen wollen (Mk 16,8). Denn dieses erste Schweigen schließt durchaus nicht ein, dass die Frauen auch später nicht von ihren Erlebnissen am Ostermorgen berichtet hätten. Der plötzliche Abbruch des Markusberichtes macht diese Hypothese noch leichter annehmbar. – Außerdem nimmt der Bericht über die Entdeckung des leeren Grabes im Zeugnis der Evangelien keineswegs eine nur sekundäre Stellung ein; die Evangelien messen ihm nicht weniger Bedeutung bei als den Erscheinungen.
Nirgends ist die Rede davon, dass die ersten Gegner Christi die Tatsache des leeren Grabes geleugnet hätten; es war ihnen darum zu tun, eine natürliche Erklärung dafür zu finden (vgl. Mt 28,11–25). Doch ist keine der vorgetragenen Erklärungen befriedigend: Ein von den Juden bewerkstelligter Diebstahl ist unhaltbar; wären sie im Besitz des Leichnams gewesen, so hätten sie ein entscheidendes Beweisstück gegen die ungeheuerliche Behauptung der Christen gehabt. Andererseits ist eine Entwendung des Leichnams Jesu durch die Jünger, die sich eben noch furchtsam gezeigt haben, sehr wenig wahrscheinlich. Und soll etwa der unüberwindliche Elan, der das Christentum in seinen Anfängen auszeichnet, sich auf einen Betrug gründen? Was Joseph von Arimathäa betrifft, so wäre er ein großes Risiko eingegangen, wenn er heimlich eine Überführung hätte durchführen wollen. Im Übrigen darf man die Realität des leeren Grabes nicht trennen von der Realität der Erscheinungen.
Die katholischen Exegeten geben zu, dass die Berichte schwer zu harmonisieren sind und dass man kaum daran denken kann, mit Sicherheit eine Geschichte der Erscheinungen in ihrer richtigen Reihenfolge zu schreiben. Sie sehen sich nur im Allgemeinen zu der Behauptung berechtigt, dass es Erscheinungen des Auferstandenen gegeben hat – zunächst in Jerusalem, hernach in Galiläa.

## M9 Hans Küng: Was „Auferstehung" meint und nicht meint

Es ist bereits deutlich geworden, dass die ältesten, knappen Zeugnisse des Neuen Testaments Jesu Auferweckung gerade nicht als eine Wiederbelebung zum irdischen Leben verstehen, also nicht in Analogie zu jenen alttestamentlichen Wiederbelebungen durch Prophetenhand. Nein, es geht vor apokalyptisch-jüdischem Erwartungshorizont eindeutig um die Erhöhung dieses hingerichteten und begrabenen Nazareners durch Gott zu Gott, zu einem Gott, den er selber „Abba", „Vater" genannt hatte.
Was also meint „Auferweckung", ein Bildwort, das ja vom Auferwecken aus dem Schlaf herkommt? Ich kann die Frage jetzt zusammenfassend beantworten: Auferweckung meint keine Rückkehr in dieses raumzeitliche Leben: Der Tod wird nicht rückgängig gemacht (keine Wiederbelebung eines Leichnams), sondern definitiv überwunden: Eingang in ein ganz anderes, unvergängliches, ewiges, „himmlisches" Leben. Auferweckung ist kein „öffentliches Faktum".
Auferweckung meint keine Fortsetzung dieses raumzeitlichen Lebens: Schon die Rede von „nach" dem Tod ist irreführend; die Ewigkeit ist nicht bestimmt durch zeitliches Vor und Nach. Sie meint vielmehr ein die Dimension von Raum und Zeit sprengendes, neues Leben in Gottes unsichtbarem, unbegreiflichem Bereich, symbolisch „Himmel" genannt.
Auferweckung meint positiv: Jesus ist nicht ins Nichts hineingestorben, sondern ist im Tod und aus dem Tod in jene unfassbare und umfassende letzte und erste Wirklichkeit hineingestorben, von jener wirklichsten Wirklichkeit aufgenommen worden, die wir mit dem Namen Gott bezeichnen. Wo der Mensch sein Eschaton, das Allerletzte seines Lebens erreicht, was erwartet ihn da? Nicht das Nichts, sondern jenes Alles, das Gott ist. Der Glaubende weiß seither: Tod ist Durchgang zu Gott, ist Einkehr in Gottes Verborgenheit, in jenen Bereich, der alle Vorstellungen übersteigt, den keines Menschen Auge je gesehen hat, unserem Zugreifen, Begreifen, Reflektieren und Phantasieren also entzogen! Wenn irgendwo das theologisch viel missbrauchte Wort Mysterium/Geheimnis angebracht ist, weil es hier direkt um Gottes ureigensten Bereich geht, dann in der Auferweckung zu neuem Leben.
Anders gesagt: Nur beim Glauben der Jünger geht es – wie auch beim Tod Jesu – um ein historisches (mit historischen Mitteln erfassbares) Geschehen: bei der Auferweckung durch Gott zum ewigen Leben geht es um kein historisches, kein anschauliches und vorstellbares, gar biologisches, geht es aber trotzdem um ein wirkliches Geschehen in der Sphäre Gottes. Was ist gemeint? Was heißt hier „leben"? Gerade der Blick auf Grünewalds Auferstehungsbild mahnt uns: Der Auferweckte ist nicht etwa ein anderes rein himmlisches Wesen, sondern noch immer leibhaftig und doch vergeistigt jener Mensch Jesus von Nazaret, der gekreuzigt wurde. Und dieser Mensch wird auch durch die Auferweckung nicht zu einem unbestimmten, mit Gott und All verschmolzenen Fluidum, sondern bleibt auch in Gottes Leben dieser bestimmte, unverwechselbare Er, der er war – allerdings ohne die raumzeitliche Einschränkung der irdischen Gestalt! Deshalb bei Grünewald das Übergehen des Angesichts in reines Licht. Nach den Zeugnissen der Schrift heben Tod und Auferweckung die Identität der Person nicht auf, sondern bewahren

sie in unvorstellbarer, verwandelter Form, in einer völlig anderen Dimension.
Die Konsequenz? Für uns Heutige, naturwissenschaftlich Gebildete, muss klar geredet werden: Damit die Identität der Person bewahrt bleibt, bedarf Gott nicht der körperlichen Überreste der irdischen Existenz Jesu. Es geht um die Auferweckung zu einer völlig anderen Existenzform. Sie lässt sich vielleicht mit der des Schmetterlings vergleichen, der aus dem toten Raupen-Kokon ausfliegt.

So wie dasselbe Lebewesen die alte Existenzform („Raupe") abstreift und eine unvorstellbar neue, ganz und gar befreite luftig-leichte neue Existenzform annimmt („Schmetterling"), so dürfen wir uns den Vorgang der Verwandlung unserer Selbst durch Gott vorstellen. Ein Bild. Wir sind auf keinerlei physiologische Vorstellungen von Auferweckung verpflichtet. Woran aber ist dann Auferweckung gebunden? Nicht an das von vornherein ständig wechselnde Substrat oder die Elemente dieses bestimmten Körpers, wohl aber an die Identität der einen unverwechselbaren Person. Die Leibhaftigkeit der Auferweckung fordert nicht – weder damals noch heute –, dass der tote Körper verlebendigt wird. Denn Gott erweckt ja in neuer, nicht mehr vorstellbarer Form, wie Paulus paradox sagt: als „soma pneumatikon", als „pneumatischer Leib", in „geistiger Leiblichkeit". Mit diesem in der Tat paradoxen Wort wollte Paulus beides zugleich aussagen: Kontinuität, denn „Leiblichkeit" steht für die Identität der bisherigen Person, die sich nicht einfach auflöst, so als wäre die bisher gelebte und erlittene Geschichte irrelevant geworden. Und zugleich Diskontinuität – denn „Geistigkeit" steht nicht einfach für eine Fortsetzung oder Verlebendigung des alten Körpers, sondern für die neue Dimension, die Dimension Unendlich, die, nach dem Tode alles Endliche verwandelnd, zur Auswirkung kommt.

## M 10 Willi Marxsen: Die Auferstehung Jesu als zeitbedingtes Interpretament

Wir können mit großer Sicherheit sagen, dass Zeugen ein Sehen des Gekreuzigten widerfuhr. Noch genauer müssen wir formulieren: Zeugen behaupten nach dem Tode Jesu, *ihn* gesehen zu haben – und eben dieses Sehen drücken sie unterschiedlich, zum Teil schon mit anfänglichen Interpretationen dieses Sehens aus. Aufgrund dieses Widerfahrnisses des Sehens aber, das Zeugen behaupteten, kamen sie dann durch reflektierende Interpretation zu der Aussage: Jesus ist von Gott auferweckt worden bzw. er ist auferstanden. – Natürlich waren sie dann auch der Meinung, hier von einem wirklichen Ereignis zu reden. Sie waren nun von dem Ereignet-Sein der Auferweckung Jesu überzeugt.
Wir sind aber heute nicht mehr in der Lage, so unmittelbar von der Auferstehung Jesu als von einem *Ereignis* zu reden, sondern müssen einfach sagen: Es handelt sich um ein Interpretament (Verstehenshilfe), dessen sich diejenigen bedient haben, die ihr Widerfahrnis (damals!) reflektierten. Wenn man heute also *historisch* (!) die Frage stellt: Ist Jesus auferstanden?, dann können wir nur antworten: Das lässt sich nicht feststellen. Historisch lässt sich nur feststellen (das aber sicher!), dass Menschen nach dem Tode Jesu ein ihnen geschehenes Widerfahrnis behaupteten, das sie als Sehen Jesu bezeichneten – und die Reflexion dieses Widerfahrnisses führte diese Leute zur *Interpretation*: Jesus ist auferweckt worden. [...]
Durch das Widerfahrnis des Sehens ausgelöst, wird also die „Sache Jesu" weitergebracht. [...] Die Sache Jesu wird aber weitergebracht durch seine Zeugen. Sie stehen in ihrer Funktion nun an Jesu Statt. Das Recht für dieses Weiterbringen begründen sie damit, dass sie Jesus nach seiner Kreuzigung gesehen hätten.
In diesem Zusammenhang muss man nun, wie ich meine, dem Satz einfach zustimmen: „Jesus ist in das Kerygma[1] auferstanden" (R. Bultmann), wenn er auch terminologisch ungenau ist. [...] Nicht um *Auferstehung* ins Kerygma geht

es […], sondern um die *Präsenz* Jesu im Kerygma seiner Zeugen, um die lebendige Präsenz des gekreuzigten Jesus.
Wir können also den Inhalt der durch das Widerfahrnis ausgelösten Funktion zunächst und vorläufig so angeben: Die „Sache Jesu" geht weiter. Es geht um die Weiter-Ereignung des Jesuskerygmas – wobei neu allerdings dieses ist, dass die Weiter-Ereignung geschieht, ohne dass der irdische Jesus sichtbar noch anwesend ist. Und sie geschieht so, dass die alte, von Jesus gebrachte „Sache" – nun aber auch nicht von ihm abstrahiert wird. Die Zeugen machen keine Idee daraus, keine Wahrheiten, die man von Jesus lösen könnte, keine Ideologie und keine Religion; sondern die Weiter-Ereignung des Jesuskerygmas bleibt immer Weiter-Ereignung des *Jesus*-Kerygmas. […] Man darf aber dabei immer dieses nicht vergessen: Solches Sich-Einlassen auf die „Sache Jesu" *kann* durchaus geschehen, auch ohne dass man expressis verbis sagt: Er ist auferstanden. Es ist also keineswegs *nötig*, von Auferstehung Jesu in eben dieser Terminologie zu reden.
Nicht die Auferstehung ist das entscheidende Datum (man kann bei der Auferstehung nun ja gerade nicht im eigentlichen Sinne von einem Datum reden), sondern Jesus war das „Datum", sein Reden und Tun. Jesus wurde in seinem *irdischen* Wirken als Antizipation des Eschaton[2] erfahren, als Ereignung Gottes. Diese – an ihn gebundene – Ereignung Gottes, die mit seinem Tode *eigentlich* vorbei war, wurde durch das Widerfahrnis des Sehens neu ausgelöst. […]
So ist also die Frage nach der Auferstehung Jesu zuletzt keine Frage nach einem *Ereignis* nach Karfreitag, sondern es ist die Frage nach dem irdischen Jesus und (unlösbar damit verbunden!) die Frage, wie *seine* Sache später erfahrene Wirklichkeit wurde und heute erfahrbare Wirklichkeit werden kann.

Erläuterungen
1 Kerygma: Verkündigung der christlichen Botschaft; Hauptinhalt der christlichen Verkündigung
2 Eschaton: das Letzte, die letzten Dinge

## Anregungen zur Weiterarbeit

1. Fassen Sie die wichtigsten Aspekte aus M 8 bis M 10 in arbeitsteiliger Gruppenarbeit zusammen.
2. Vergleichen Sie anschließend die drei Ansätze in einer theologischen Diskussion zum Thema „Auferstehung Jesu – Wie ist sie zu deuten?" miteinander. Jeweils zwei bis drei Schüler/innen vertreten einen Deutungsansatz im Gespräch, das Plenum kann Fragen stellen, Impulse geben und fasst die wichtigsten Aspekte vergleichend zusammen.
3. Beurteilen Sie, ob und/oder inwiefern Sie die Deutungsansätze zur Auferstehung Jesu nachvollziehbar finden.

## M11 Dorothee Sölle: Telefonat mit einem jungen Journalisten

Mit kaum einer Glaubensaussage haben Menschen heute größere Probleme als mit der Auferstehung. Als mich einmal ein junger Journalist anrief und erfahren wollte, ob Jesus wirklich von den Toten auferstanden sei, war ich verblüfft über diese sehr alte Frage. Er erläuterte sie mir: Die Theologen reden meistens drum herum, damit könne er aber seinem Briefträger nicht kommen. Ist Christus nun an Ostern auferstanden, oder ist das Ganze nur ein Märchen?
Was würde sich denn für Sie ändern, fragte ich zurück, wenn die Antwort Ja oder Nein lautet? Großes Erstaunen seinerseits: Ja, damit wäre doch die Grundlage des Glaubens in Frage gestellt. Ich blieb bei meiner Frage: Angenommen, Jesus ist nicht aus dem Grab hervorgekommen. Zumindest gibt es keine stichhaltigen Beweise dafür. Die Zeuginnen und Zeugen, die ihn gesehen haben, waren bekanntlich alle Gläubige, Parteigänger, Sympathisanten, also keineswegs objektive Beobachter. Was ändert das für die, die an ihn glauben? Die mit ihm gehen, die sich von seiner Wahrheit getragen fühlen? Ich denke, gar nichts ändert sich, kam als Antwort.

Angenommen, er war nur scheintot und wurde wiederbelebt, würde das mein Verhältnis zu diesem Jesus ändern? Und weiter angenommen, alles stimmte wortwörtlich, wie es in der Bibel steht, gäbe es dann mehr Christen? Würden die Christen damit glaubwürdiger, sähen sie ein bisschen erlöster aus? Ich denke, nein. Ich empfand die Frage, die nach einer über zweihundert Jahre andauernden wissenschaftlichen Diskussion gestellt wurde, einigermaßen daneben. Ein Ergebnis dieser Diskussion ist die Nichtbeweisbarkeit der Auferstehung. Vorausgesetzt, damals hätte es die Fotografie gegeben, der Film wäre leer geblieben. Aber Wahrheit ist nicht nur, was beweisbar ist. Ich nannte dem Journalisten zwei Gründe, warum ich auf diesem Niveau keine Lust hätte, über die Auferstehung zu reden.
Der erste Grund ist das Kreuz, das man nicht von der Auferstehung trennen darf, wenn man an dem Sinn der Sache festhalten will. Der Glaube an die Auferstehung verwurzelt uns in der alten und in der eigenen Geschichte. Das Osterfest feiert nicht den Auszug in die nun endlich erreichte Posthistorie, irgendetwas nach den historischen Leiden, es feiert die Geschichte selber, dieses Herauskommen aus der Unfreiheit. Ohne die Ur-Geschichte aus der Hebräischen Bibel, vom Auszug der Kinder Israels aus dem Sklavenhaus in Ägypten, kann man auch den Auszug Jesus aus dem Totenhaus nicht verstehen.
Der andere Grund ist mein eigenes Leben, das ich nicht vom Tod und Leben Jesu trennen will, auch nicht von der Niederlage und dem Sieg des Lebens Gottes. Ostern ist entweder existentiell, oder es sagt überhaupt nichts und wird mit Recht vermarktet.

## Anregungen zur Weiterarbeit

1. Skizzieren Sie, wie sich Dorothee Sölle **M 11** zur Auferstehung Jesu äußert.
2. Erläutern Sie, warum für Sölle das Kreuz Jesu und die Auferstehung nicht zu trennen sind.
3. Erklären Sie anhand des Textes **M 11** und Ihrer bisher erarbeiteten Ergebnisse, welche Bedeutung Ostern hat und warum es als Hochfest gilt. Lesen Sie hierzu vertiefend **M 12**.
4. Beschreiben Sie das Bild unter **M 12** auf Seite 64.
5. Wenden Sie die gewonnenen Erkenntnisse zur Bedeutung von Ostern auf das Bild an. Lesen Sie vertiefend und als Anregung **M 13** und **M 14**.

### M 12 Heinrich Fries: Auferweckung Jesu

Der Anspruch Jesu, der endgültige Offenbarer Gottes zu sein, schien in seinem Tod gescheitert und ad absurdum geführt. Wäre der Tod das Ende des Weges Jesu gewesen, dann gäbe es keine Wirkungsgeschichte Jesu, keinen Grund, sich mit Jesus zu befassen, keinen Glauben an Jesus, den Christus, und keine Gemeinschaft der an ihn Glaubenden, keine Kirche, dann wäre Jesus schon für seine Zeitgenossen und seine Jünger letztlich uninteressant gewesen. Es hätte kaum Anlass bestanden, eines Tages zu sagen: „Es kann nicht zu Ende sein mit Jesus; die Sache Jesus geht weiter", wobei zu fragen wäre, was diese Sache ist.
Die Bestätigung des Anspruchs Jesu, der endgültige Offenbarer, der Messias und der Sohn zu sein, liegt nach dem übereinstimmenden Zeugnis des Neuen Testaments in der Botschaft und in dem ihr zugeordneten Glauben: Der Gekreuzigte ist von den Toten auferweckt worden, er ist von den Toten auferstanden. Deshalb ist die Auferweckung Jesu neben allen Bedeutungen, die ihr sonst noch zukommen, auch das Zeichen und Wunder überhaupt. […] In den Worten des ersten Korintherbriefes, dem zeitlich ersten Zeugnis der Osterbotschaft, ist dieser Sachverhalt ebenso unmissverständlich wie radikal formuliert. Ausdrücklich beruft sich Paulus auf eine Überlieferung, die er selbst empfangen hat: „Er ist am dritten Tag auferweckt worden, gemäß der Schrift, und erschien dem Kephas, dann den Zwölf. Danach erschien er mehr als fünfhundert Brüdern zugleich; die meisten von ihnen sind noch am Leben … Danach erschien er dem Jakobus, dann allen Aposteln. Als letztem von allen erschien er auch mir" (1 Kor 15,4–8). „Ist aber Christus nicht auferweckt worden, dann ist unsere Verkündigung leer und euer Glaube sinnlos. Wir werden dann auch als falsche Zeugen Gottes entlarvt, weil wir im Widerspruch zu Gott das Zeugnis abgelegt haben: Er hat Christus auferweckt. Er hat ihn eben nicht auferweckt, wenn Tote nicht auferweckt werden" (1 Kor 15,14 f.). […]

Die Auferweckungsbotschaft des Neuen Testaments will sagen, dass Gott den Weg, den Jesus bis zum Kreuz gegangen ist, bestätigt hat; damit auch den Tod Jesu als das Geschehen, durch das Jesu Sendung nicht etwa desavouiert wurde, sondern in dem sie sich als der Weg der Liebe Gottes zu den Menschen vollendet hat.
Gott hat den Weg Jesu an ihm selbst bestätigt, indem er ihn nicht in das Nichts fallen ließ, sondern durch den Tod hindurch in das Lebensziel dieses Weges gebracht hat. Der auferstandene Christus ist „in Person" identisch mit Jesus von Nazaret, dem Gekreuzigten.
Der Sinn der Osterbotschaft ist also nicht: Jesus ist tot, aber die Sache Jesu geht weiter, sondern: Jesus lebt, und darum geht seine Sache weiter. Die Sache Jesu ist von seiner Person nicht zu trennen. Aber er lebt nicht als einer, der ins Leben zurückkehrt, um abermals zu sterben, sondern als einer, der den Tod endgültig überwunden, ihn gleichsam im Rücken hat.
Dass der getötete Jesus lebt, besagt, dass er in die Zukunft des kommenden Gottesreiches eingegangen ist. Wir können uns diese eschatologische Zukunft nicht „vorstellen", da jede Vorstellungsform den Kategorien verhaftet bliebe, in denen unser jetzt und auf diese Zukunft hin „unterwegs" bleibendes Leben verfasst ist. Sie ist qualifiziert durch den endgültigen Sieg der Liebe und als endgültige Geborgenheit des Lebens, das in der Ausrichtung auf dieses Ziel gelebt wurde.
Die Auferweckungsbotschaft besagt: Gott hat Jesus zu dem Herrn eingesetzt, der die Menschheit der Zukunft Gottes entgegenbringt.
Dadurch wird der anthropologische und existentielle Sinn der Auferweckungsbotschaft klar. Wir sind zu ihr disponiert und zugleich von ihr betroffen in der Frage nach Leben und Tod, nach Sinn und Zukunft, wir haben in der Frage nach uns selbst, nach dem Grund und dem Inhalt unserer Hoffnung, in der Frage nach unserer Welt und Geschichte jene Bedingungen und Voraussetzungen, um die Auferweckungsbotschaft als Wort, Antwort und als Einladung sowie als Erschließung unseres Daseins zu vernehmen. […]
Die Botschaft, das Geschehen und das Wort von der Auferweckung von den Toten bedeuten, dass Gott das vorösterliche Wirken Jesu ausdrücklich bestätigt. Die Auferweckung ist deshalb auch eine neue Weise und Bestätigung der in Jesus wirksam gewordenen Gottesherrschaft, die durch die Auferstehung insofern realisiert wird, als hier die Überwindung des Todes geschehen ist und ein neuer Anfang, eine neue Weltzukunft und neue Hoffnung gestiftet wurden, der Grund, der die Geschichte in neuer Weise bestimmt und ihr ein neues Ziel gibt. Es wird offenbar, dass das Gottsein Gottes darin besteht, dass er die Toten lebendig macht.
Das Reich Gottes trägt nun das Antlitz Jesu Christi (Schillebeeckx).
Durch die Auferweckung von den Toten wird der verkündende Jesus zum verkündigten Christus.

## M 13 Zur (theologischen) Bedeutung von „Licht“

Auf Albert Einstein geht die Erkenntnis der Doppelstruktur des Lichtes zurück: man kann es als „Korpuskel“-Strahlen und damit „materiell“ verstehen oder als „Schwingung“ und damit „energetisch“. Beides ist richtig, keines ist falsch – es kommt nur auf den Standpunkt an.
Diese Erkenntnis der neuen Physik hat ihre Vorläufer. So ist etwa die Bibel schon lange ähnlicher Meinung, denn sie nennt die Menschen „Kinder des Lichts“ (Eph 5,8; Lk 16,8) – also Wesen, die im Licht ihren Ursprung haben und als irdische körperhafte Wesen, die sie sind, dennoch über eine „Lichtnatur“ verfügen, damit sowohl materiell als auch energetisch verstanden werden können und müssen.
Trotzdem bestehen natürlich Unterschiede in der Auffassung der modernen Physik und der Bibel. Da ist zuerst einmal die „Energie“, die im biblischen Zusammenhang mehr ist als eine physikalische Größe, mehr ist als eine Kraft der Natur, sondern ein anderes Wort für die Lebenskraft Gottes darstellt, die alles Sein durchwirkt und am Leben hält. Und auch die „Materialität“ des Lichts ist nicht in dem Sinn zu verstehen, dass Körper und Licht einfach identisch sind. Der Körper ist vielmehr „verdichtetes Licht“, mehr Schatten und Finsternis als Licht, aber fähig, Licht aufzunehmen, zu bergen, sich von ihm durchdringen und verwandeln zu lassen: „Solange ihr das Licht bei euch habt, glaubt an das Licht, damit ihr Kinder des Lichts werdet“ (Joh 12,36).
Biblisch gesehen ist es also durchaus nicht nur eine Frage des Standpunkts und der sich daraus ergebenden Perspektive, ob Licht energetisch oder materiell aufgefasst wird. Biblisch gesehen ist das Licht vielmehr immer die göttliche Geistnatur, die er an seine Geschöpfe weitergibt. („Licht im Lichte“ formuliert das Credo von Nizäa und Konstantinopel dieses Phänomen – freilich nur auf Jesus Christus bezogen und nicht auf jeden Menschen.) […]
Das Gotteslicht strahlt in verschiedener Intensität und Frequenz in uns ein: 1. als uns Leben gebendes und am Leben haltendes „Gotteslicht“; 2. als uns befreiendes, verwandelndes und vergeistigendes „Christuslicht“; 3. als uns schützendes und erneuerndes, in unendlich vielen Varianten im Auftrag Gottes einstrahlendes „Licht der Geisterwelt Gottes(engel)“, das sich in uns bricht, in uns umgeschwungen wird und das wir als „Leuchter“ an alle Mitgeschöpfe weitergeben können, deren Zugang zum Lichtangebot verschüttet oder denen das reine klare Gotteslicht unerträglich stark ist.
Die Mystik des Lichtes ist eine große Kraft und ein kostbares Geschenk für den Weg zurück zum Vater, „der in unzugänglichem Lichte wohnt“ (1 Tim 6,16).

## M 14 Reinhard Lettmann: Die Tür zum Leben

„Ich habe vor dir eine Tür geöffnet, die niemand mehr schließen kann“ (Offb 3,8).
Gibt es in unserer Welt eine Tür zum Leben? Wir alle machen die Erfahrung der Vergänglichkeit. Der Psalm 49 bringt diese Erfahrung zum Ausdruck. Alle Menschen müssen sterben. Die Reichen, die sich auf ihren Besitz verlassen, müssen sterben, ebenso wie die Armen, die nichts haben, an das sie sich klammern könnten, als das nackte Leben. Den Klugen hilft ihre Klugheit nicht, einen Weg aus der Vergänglichkeit zu finden. Auch sie müssen sterben. Ebenso gehen Toren und Narren zugrunde. Ob Menschen auch Länder nach ihrem Namen benannten, am Ende steht auch für sie der Tod und das Grab. Niemand kann sich vom Tod freikaufen: „Für das Leben ist jeder Kaufpreis zu hoch.“ Und: „Loskaufen kann keiner den anderen!“
Leben wir in einer geschlossenen Welt, die dem Tod verfallen ist und aus der kein Weg zum Leben führt? Wenn es so wäre, müsste der Psalm mit den Worten enden: „Aussichtslos! Hoffnungslos!“ Doch in der Mitte des Psalms steht ein Wort der Hoffnung: „Gott wird mich loskaufen aus dem Reich des Todes, ja er nimmt mich auf.“
Diese Hoffnung des Psalms findet Erfüllung durch Jesus Christus. Er ist von den Toten auferstanden und lebt. Er öffnet auch uns die Tür zum Leben: „Ich habe vor dir eine Tür geöffnet, die niemand mehr schließen kann.“ […]
Christus hat die Tür geöffnet und führt uns zum Leben. […] Jesus […] sagt: „Ich bin die Tür; wer durch mich hineingeht, wird gerettet werden“ (Joh 10,9) […].

## 3.4 Aufgefahren in den Himmel – Christi Himmelfahrt

### M1 Aus dem Neuen Testament: Christi Himmelfahrt

**Lk 24,50–53**

50 Dann führte er sie hinaus in die Nähe von Betanien. Dort erhob er seine Hände und segnete sie.
51 Und während er sie segnete, verließ er sie und wurde zum Himmel emporgehoben; 52 sie aber fielen vor ihm nieder. Dann kehrten sie in großer Freude nach Jerusalem zurück.
53 Und sie waren immer im Tempel und priesen Gott.

**Apg 1,4–12**

4 Beim gemeinsamen Mahl gebot er ihnen: Geht nicht weg von Jerusalem, sondern wartet auf die Verheißung des Vaters, die ihr von mir vernommen habt.
5 Johannes hat mit Wasser getauft, ihr aber werdet schon in wenigen Tagen mit dem Heiligen Geist getauft.
6 Als sie nun beisammen waren, fragten sie ihn: Herr, stellst du in dieser Zeit das Reich für Israel wieder her?
7 Er sagte zu ihnen: Euch steht es nicht zu, Zeiten und Fristen zu erfahren, die der Vater in seiner Macht festgesetzt hat.
8 Aber ihr werdet die Kraft des Heiligen Geistes empfangen, der auf euch herabkommen wird; und ihr werdet meine Zeugen sein in Jerusalem und in ganz Judäa und Samarien und bis an die Grenzen der Erde.
9 Als er das gesagt hatte, wurde er vor ihren Augen emporgehoben, und eine Wolke nahm ihn auf und entzog ihn ihren Blicken.
10 Während sie unverwandt ihm nach zum Himmel emporschauten, standen plötzlich zwei Männer in weißen Gewändern bei ihnen 11 und sagten: Ihr Männer von Galiläa, was steht ihr da und schaut zum Himmel empor? Dieser Jesus, der von euch ging und in den Himmel aufgenommen wurde, wird ebenso wiederkommen, wie ihr ihn habt zum Himmel hingehen sehen.
12 Dann kehrten sie vom Ölberg, der nur einen Sabbatweg von Jerusalem entfernt ist, nach Jerusalem zurück.

### M2 Was bedeutet Himmelfahrt? (Katechismus der Katholischen Kirche)

Als vierzig Tage vergangen waren, seit Christus den Aposteln unter der Gestalt einer gewöhnlichen Menschennatur, die seine Herrlichkeit als Auferstandener verhüllte, erschienen war, fährt er in den Himmel auf und setzt sich zur Rechten des Vaters.
Er ist der Herr, der nun mit seiner Menschennatur in der ewigen Herrlichkeit des Sohnes Gottes herrscht und unablässig beim Vater für uns eintritt.
Er sendet uns seinen Geist und gibt uns die Hoffnung, eines Tages zu ihm zu gelangen, weil er einen Platz für uns bereitet hat.

**Rembrandt van Rijn (1606–1669), Die Himmelfahrt Christi, 1636, 92,7 x 68,3 cm (oben rund), Leinwand**

### Anregungen zur Weiterarbeit

1. Beschreiben Sie die Gegebenheiten zur Himmelfahrt Christi in M 1.
2. Lesen Sie vertiefend M 2 und beschreiben und interpretieren Sie das Bild Rembrandts zur Himmelfahrt auf Grundlage der biblischen Texte M 1.

### M3 Hans Küng: Eine Himmelfahrt?

Eine Himmelfahrt Christi wird zwar von Lukas, aber eben nur von Lukas berichtet. Wir hören davon weder bei den anderen Synoptikern (Markus und Matthäus) noch bei Johannes, weder bei Paulus noch den Deuteropaulinen auch nur ein Wort! In der allerältesten Kirche gab es keine Tradition einer sichtbaren Himmelfahrt Jesu vor den Augen der Jünger.
Nur Lukas, der dritte Evangelist, der von vornherein mehr als andere an der leibhaftig erwiesenen Wirklichkeit des Auferstandenen und der Augenzeugenschaft der Apostel interessiert war, trennt, im Gegensatz zu den übrigen Zeu-

gen, Auferweckung und Erhöhung zeitlich. Das heißt: Nur Lukas kennt eine separate Himmelfahrt in Betanien, welche die Zeit der Erscheinungen Jesu auf Erden abschließt und die Zeit der Weltmission der Kirche bis zu Jesu Wiederkunft mit Emphase eröffnet. So besonders deutlich in der (zwischen 80 und 90 geschriebenen) Apostelgeschichte, welche Lukas seinem Evangelium folgen lässt, das in den 70er-Jahren geschrieben worden sein dürfte. Diese separate Himmelfahrtsvorstellung wird dann nachträglich auch dem Markusevangelium eingepflanzt, und zwar am Schluss in Anlehnung zugleich an die Entrückungs-Geschichte des Propheten Elija und das Psalmwort vom Sitzen zur Rechten des Vaters. Aber dieser sogenannte Markusschluss stammt aus dem 2. Jahrhundert!

Wie ist diese Himmelfahrt zu verstehen? Heute bedarf es wohl kaum langer Erklärungen, dass die Rede von einer „Fahrt" nach „oben" in den „Himmel" – in Kirchen am Himmelfahrtsfest bisweilen durch eine mechanisch in den Kirchendachboden hinaufgezogene Christusplastik ad oculus demonstriert – jenes antike dreistöckige Weltbild voraussetzt, das nicht mehr das unsrige ist. Als ob Jesus tatsächlich eine Art Weltraumfahrt angetreten habe! So etwas heute zu behaupten, wäre absurd. Aber damals, da war die für heute unvollziehbare Vorstellung durchaus nicht ungewöhnlich.

Nicht nur von Elija und Henoch in der Hebräischen Bibel wird eine Himmelfahrt berichtet, sondern auch von anderen Großen der Antike, von Herakles, Empedokles, Romulus, Alexander dem Großen und Apollonius von Tyana. Bei solchen Himmelfahrten geht es um eine „Entrückung" des großen Helden, ein Entschwinden von der Erde, also nicht um eine eigentliche „Himmelsreise", da weder der Weg zum Himmel noch die Ankunft im Himmel geschildert wird. Die Wolke verdeckt ja den Entrückten meist bald – ein Zeichen zugleich der Nähe und Unnahbarkeit Gottes.

Aus all dem erkennt man: Die lukanische Geschichte von einer Himmelfahrt ist keine christliche Erfindung, ist kein unerhörtes, exorbitantes „Mirakel", sondern ein dem damaligen Zuhörer vertrautes Vorstellungsmuster. Das Entrückungsschema stand Lukas als Vorstellungsmodell und als Erzählungsform zur Verfügung. Vermutlich hat Lukas selbst die traditionelle Aussage von der Erhöhung Jesu zu Gott zu einer Entrückungsgeschichte ausgestaltet, für die alle wesentlichen Bauelemente in den früheren Grabes- und Erscheinungsgeschichten bereitlagen. Frage nur: Warum hat er das getan? Zwei Gründe dürfen maßgeblich gewesen sein:

Erstes Motiv: Es dürfte Lukas zunächst um eine Veranschaulichung der unanschaulichen Erhöhungsaussagen gegangen sein: Der auferstandene Christus „geht" zu Gott, geht definitiv ein in die Wirklichkeit Gottes. Das heißt: Die Himmelfahrt Jesu ist nicht als eine zweite „Heilstatsache" nach Ostern zu verstehen und zu feiern, sondern als ein besonders herausgehobener Aspekt des einen Ostergeschehens. Das wird dadurch unterstrichen, dass im Evangelium des Lukas (von daher auch im Markusschluss) die Himmelfahrt am Ostertag selbst erfolgt. Erst der Lukas der späteren Apostelgeschichte kennt zwischen Ostern und Himmelfahrt eine Zeit von 40 Tagen – offensichtlich in Anspielung auf die heilige biblische Zahl 40: 40 Wüstenjahre Israels, 40 Fasttage Elijas, 40 Fasttage Jesu. Dass das Himmelfahrtsfest also heute gegenüber dem Osterfest deutlich an Gewicht verloren hat, ist nicht schlechterdings negativ zu bewerten, sondern entspricht der Gesamtgewichtung des Neuen Testaments selber.

Zweites Motiv: Liest man die Texte aufmerksam, so fällt auf, dass hier die damals noch immer weit verbreitete frühere „Naherwartung", der frühe Glaube, dass Jesus noch zu Lebzeiten der ersten Generation wiederkommen wird, energisch korrigiert wird: „Ihr Männer von Galiläa", so werden da die zurückbleibenden Jünger angesprochen, „was steht ihr da und schaut zum Himmel empor?" (Apg 1,11). Anstelle des untätigen Wartens setzt Lukas auf die Mission der Welt! Nicht Jesus selbst, der sich in den Himmel entfernt und den Jüngern die Aufgabe überlassen hat, sondern der Heilige Geist soll ja jetzt kommen, um die Jünger für die bevorstehende Missionszeit auszurüsten, bis schließlich – am Ende der Zeit – Jesus selber ebenso anschaulich wiederkommen wird. Lukas will mit seiner Himmelfahrtsgeschichte also sagen: Ostern haben nur die verstanden, die nicht zum Himmel emporschauen, sondern in die Welt gehen und für Jesus Zeugnis ablegen!

## M 4 Einbahnstraße

### Anregungen zur Weiterarbeit

1. Fassen Sie zusammen, wie die Himmelfahrt Jesu in der Bibel tradiert wird (M 3).
2. Erläutern Sie, was laut Küng unter der Himmelfahrt Christi zu verstehen ist.
3. Erklären Sie, warum Lukas und die Apostelgeschichte die Himmelfahrt thematisieren.
4. Gestalten Sie auf der Basis Ihrer erarbeiteten Ergebnisse zu M 3 eine künstlerische Umsetzung von Christi Himmelfahrt.
5. Interpretieren Sie das Straßenschild M 4, indem Sie dessen Bedeutung für den Straßenverkehr oder für weitere Lebenssituationen aufzeigen.
6. Übertragen Sie die Bedeutung dieses Straßenschildes auf die Bedeutung des Todes, der Auferstehung und der Himmelfahrt Jesu.
7. Gestalten Sie auf der Grundlage Ihrer erarbeiteten Ergebnisse innerhalb dieses Kapitels ein eigenes Straßenschild, das die Botschaft von Tod, Auferstehung und Himmelfahrt Christi in ihrer Intention verdeutlicht.

# 4 Wie es mit Jesus und seiner ‚Sache' weitergeht

Jesu Tod, Auferstehung und Himmelfahrt haben gezeigt, dass seine ‚Sache' noch nicht beendet ist. Im Gegenteil: Auch in der heutigen Zeit sind Jesus und seine Botschaft überall präsent. Die konkrete Frage, die man sich dann stellen muss: Wo sind seine Spuren und Spuren seiner Botschaft noch heute spürbar? Was „bringt" der Glaube an ihn? Fragen, denen in diesem abschließenden Kapitel nachgegangen wird.

## 4.1 „Ich bin ..." – Selbstaussagen Jesu

### M1 Aus dem Neuen Testament

**Mt 28,19–20**

19 Darum geht zu allen Völkern und macht alle Menschen zu meinen Jüngern; tauft sie auf den Namen des Vaters und des Sohnes und des Heiligen Geistes,
20 und lehrt sie, alles zu befolgen, was ich euch geboten habe. Seid gewiss: Ich bin bei euch alle Tage bis zum Ende der Welt.

**Mk 6,45–50**

45 Gleich darauf forderte er seine Jünger auf, ins Boot zu steigen und ans andere Ufer nach Betsaida vorauszufahren. Er selbst wollte inzwischen die Leute nach Hause schicken.
46 Nachdem er sich von ihnen verabschiedet hatte, ging er auf einen Berg, um zu beten.
47 Spät am Abend war das Boot mitten auf dem See, er aber war allein an Land.
48 Und er sah, wie sie sich beim Rudern abmühten, denn sie hatten Gegenwind. In der vierten Nachtwache ging er auf dem See zu ihnen hin, wollte aber an ihnen vorübergehen.
49 Als sie ihn über den See gehen sahen, meinten sie, es sei ein Gespenst, und schrien auf.
50 Alle sahen ihn und erschraken. Doch er begann mit ihnen zu reden und sagte: Habt Vertrauen, ich bin es; fürchtet euch nicht!

**Joh 6,30–35**

30 Sie entgegneten ihm: Welches Zeichen tust du, damit wir es sehen und dir glauben? Was tust du?
31 Unsere Väter haben das Manna in der Wüste gegessen, wie es in der Schrift heißt: Brot vom Himmel gab er ihnen zu essen.
32 Jesus sagte zu ihnen: Amen, amen, ich sage euch: Nicht Mose hat euch das Brot vom Himmel gegeben, sondern mein Vater gibt euch das wahre Brot vom Himmel.
33 Denn das Brot, das Gott gibt, kommt vom Himmel herab und gibt der Welt das Leben.
34 Da baten sie ihn: Herr, gib uns immer dieses Brot!
35 Jesus antwortete ihnen: Ich bin das Brot des Lebens; wer zu mir kommt, wird nie mehr hungern, und wer an mich glaubt, wird nie mehr Durst haben.

**Joh 8,12**

12 Als Jesus ein andermal zu ihnen redete, sagte er: Ich bin das Licht der Welt. Wer mir nachfolgt, wird nicht in der Finsternis umhergehen, sondern wird das Licht des Lebens haben.

**Joh 11,21–27**

21 Marta sagte zu Jesus: Herr, wärst du hier gewesen, dann wäre mein Bruder nicht gestorben.
22 Aber auch jetzt weiß ich: Alles, worum du Gott bittest, wird Gott dir geben.
23 Jesus sagte zu ihr: Dein Bruder wird auferstehen.
24 Marta sagte zu ihm: Ich weiß, dass er auferstehen wird bei der Auferstehung am Letzten Tag.
25 Jesus erwiderte ihr: Ich bin die Auferstehung und das Leben. Wer an mich glaubt, wird leben, auch wenn er
stirbt, 26 und jeder, der lebt und an mich glaubt, wird auf ewig nicht sterben. Glaubst du das?
27 Marta antwortete ihm: Ja, Herr, ich glaube, dass du der Messias bist, der Sohn Gottes, der in die Welt kommen soll.

**Joh 14,4–6**
4 Und wohin ich gehe – den Weg dorthin kennt ihr.
5 Thomas sagte zu ihm: Herr, wir wissen nicht, wohin du
gehst. Wie sollen wir dann den Weg kennen?
6 Jesus sagte zu ihm: Ich bin der Weg und die Wahrheit und
das Leben; niemand kommt zum Vater außer durch mich.

**Joh 15,1–8**
1 Ich bin der wahre Weinstock und mein Vater ist der Winzer.
2 Jede Rebe an mir, die keine Frucht bringt, schneidet er ab
und jede Rebe, die Frucht bringt, reinigt er, damit sie mehr
Frucht bringt.

3 Ihr seid schon rein durch das Wort, das ich zu euch gesagt
habe.
4 Bleibt in mir, dann bleibe ich in euch. Wie die Rebe aus sich
keine Frucht bringen kann, sondern nur, wenn sie am Wein-
stock bleibt, so könnt auch ihr keine Frucht bringen, wenn
ihr nicht in mir bleibt.
5 Ich bin der Weinstock, ihr seid die Reben. Wer in mir bleibt
und in wem ich bleibe, der bringt reiche Frucht; denn ge-
trennt von mir könnt ihr nichts vollbringen.
6 Wer nicht in mir bleibt, wird wie die Rebe weggeworfen
und er verdorrt. Man sammelt die Reben, wirft sie ins Feuer
und sie verbrennen.
7 Wenn ihr in mir bleibt und wenn meine Worte in euch
bleiben, dann bittet um alles, was ihr wollt: Ihr werdet es
erhalten.
8 Mein Vater wird dadurch verherrlicht, dass ihr reiche
Frucht bringt und meine Jünger werdet.

**Joh 18,4–5**
4 Jesus, der alles wusste, was mit ihm geschehen sollte, ging
hinaus und fragte sie: Wen sucht ihr?
5 Sie antworteten ihm: Jesus von Nazaret. Er sagte zu ihnen:
Ich bin es. Auch Judas, der Verräter, stand bei ihnen.

**Offb 22,16**
16 Ich, Jesus, habe meinen Engel gesandt als Zeugen für
das, was die Gemeinden betrifft. Ich bin die Wurzel und der
Stamm Davids, der strahlende Morgenstern.

### Anregungen zur Weiterarbeit

1. Arbeiten Sie heraus, wie sich Jesus in den einzelnen Zitaten darstellt.
2. Erläutern Sie, wie diese Worte Jesu auf seine Zuhörer (in früherer und heutiger Zeit) wirken und welche Intention er damit verfolgt. Beziehen Sie sich dabei auch auf Jesu Leben und Wirken.
3. Gestalten Sie weitere „Ich bin …"-Formulierungen, die zum Leben, zum Tod und zur Auferstehung Jesu passend sind.

## 4.2 Jesus nachfolgen – Eine neue Sicht der Dinge …

### M 1 Venimus adorare eum (= Wir sind gekommen, um ihn anzubeten) (Mottolied zum Weltjugendtag 2005)

O --- O -- O --- O -- Immanuel
Warum verließen Könige ihre Paläste?
Warum verfolgten Könige einen wandernden Stern?
Warum beugten Könige vor einem Kind ihre Knie?
Als man sie fragte, sagten sie:
Venimus adorare eum
Venimus adorare eum, Immanuel
Venimus adorare eum
Venimus adorare eum, Immanuel

Warum verließen Hirten nachts ihre Herden?
Warum hörten Hirten den Engelsgesang?
Warum beugten Hirten vor einem Kind ihre Knie?
Als man sie fragte, sagten sie:
O --- O -- Immanuel – Gott ist mit uns
O --- O -- Immanuel
O --- O -- Immanuel – Gott ist mit uns
O --- O -- Immanuel
O --- O -- Immanuel – Gott ist mit uns
O --- O -- Immanuel
O --- O -- Immanuel – Gott ist mit uns
O --- O -- Immanuel
O --- O --O --- O -- ---- Immanuel

Darum sind wir hier, um IHN anzubeten.
Seine Kinder sind wir, Gesalbte und Propheten.
Darum sind wir hier, um IHM zu begegnen in Brot und Wein
und in dir und mir und wenn man euch fragt, dann sagt:
Venimus adorare eum, Immanuel – Gott ist mit uns
Venimus adorare eum, Immanuel
Venimus adorare eum, Immanuel – Gott ist mit uns
Venimus adorare eum, Immanuel
Venimus adorare eum, Immanuel – Gott ist mit uns
Venimus adorare eum, Immanuel

Venimus adorare eum
T: Linßen, Gregor


### M 2 Worte von Papst Benedikt XVI. beim Weltjugendtag 2005 in Köln

*Ansprache auf dem Rheinschiff bei der Willkommensfeier mit Jugendlichen am Donnerstag, den 18. August 2005*

Liebe Jugendliche!
Ich freue mich, Euch hier in Köln am Rheinufer zu treffen! Als Pilger in der Gefolgschaft der Heiligen Drei Könige seid Ihr aus verschiedenen Teilen Deutschlands, Europas und der Welt gekommen. Indem Ihr ihren Spuren folgt, wollt Ihr Jesus entdecken. Ihr wart bereit, Euch auf den Weg zu machen, um selber ebenfalls dahin zu gelangen, persönlich und zugleich gemeinschaftlich das Angesicht Gottes zu betrachten, das sich in dem Kind in der Krippe offenbart.
Wie Ihr habe auch ich mich auf den Weg gemacht, um zusammen mit Euch niederzuknien vor der weißen Hostie, in der die Augen des Glaubens die reale Gegenwart des Erlösers der Welt erkennen. Gemeinsam werden wir dann über das Thema dieses Weltjugendtages „Wir sind gekommen, um ihn anzubeten" (Mt 2,2) meditieren. […]
Wir können uns das Staunen der Sterndeuter vor dem Kind in Windeln vorstellen! Nur der Glaube ermöglichte ihnen, in der Gestalt dieses Kindes den König zu erkennen, den sie suchten, den Gott, zu dem sie der Stern geführt hatte. In ihm ist der Ewige in die Zeit eingetreten, indem er den Abgrund überbrückte, der zwischen dem Endlichen und dem Unendlichen, zwischen dem Sichtbaren und dem Unsichtbaren besteht; in ihm hat sich das Geheimnis zu erkennen gegeben, indem es sich in den zarten Gliedern eines kleinen Kindes an uns auslieferte. „Voller Staunen stehen die Sterndeuter vor dem, was sie sehen: den Himmel auf Erden und die Erde im Himmel; den Menschen in Gott und Gott im Menschen. In einem winzigen Leib sehen sie den eingeschlossen, den die ganze Welt nicht enthalten kann" (Petrus Chrysologus, *Sermo* 160,2). […]

*Predigt bei der Vigil mit den Jugendlichen auf dem Marienfeld am Samstag, den 20. August 2005*

[Die Heiligen Drei Könige] waren gekommen, sich in den Dienst dieses Königs zu stellen, ihr Königtum nach dem Seinen auszurichten. Das war der Sinn ihrer Huldigungsgebärde, ihrer Anbetung. Zu ihr gehörten auch die

### Anregungen zur Weiterarbeit

1. Geben Sie den Inhalt des Liedes M 1 wieder, indem Sie die biblischen Hintergründe mit einbeziehen.
2. Erläutern Sie, warum die Antwort auf die Fragen lautet: Venimus adorare eum (= Wir sind gekommen, um ihn anzubeten). Beziehen Sie auch bereits erarbeitete Ergebnisse und M 2 mit ein.
3. Erklären Sie anhand eines Beispiels, inwiefern die Heiligen als Vorbild für eine christliche Lebensweise gelten.
4. Erläutern Sie, wie jeder Mensch/jeder Christ in seinem alltäglichen Leben konkret Jesus und seiner Sache nachfolgen kann.

Geschenke – Gold, Weihrauch, Myrrhe – Gaben, die man einem für göttlich angesehenen König spendete. Anbetung hat einen Inhalt, und zu ihr gehört auch eine Gabe. Die Männer aus dem Orient waren durchaus auf der richtigen Spur, als sie mit der Gebärde der Anbetung dieses Kind als ihren König anerkennen wollten, in dessen Dienst sie ihre Macht und ihre Möglichkeiten zu stellen gedachten. Sie wollten durch den Dienst für ihn und die Gefolgschaft mit ihm der Sache der Gerechtigkeit, des Guten in der Welt dienen. Und da hatten sie Recht. Aber nun lernen sie, dass das nicht einfach durch Befehle und von Thronen herunter geschehen konnte. Nun lernen sie, dass sie sich selber geben müssen – kein geringeres Geschenk verlangt dieser König. Nun lernen sie, dass ihr Leben von der Weise geprägt sein muss, wie Gott Macht ausübt und wie Gott selber ist: Sie müssen Menschen der Wahrheit, des Rechts, der Güte, des Verzeihens, der Barmherzigkeit werden. Sie werden nicht mehr fragen: Was bringt das für mich, sondern sie müssen nun fragen: Womit diene ich der Gegenwart Gottes in der Welt. Sie müssen lernen, sich zu verlieren und gerade so sich zu finden.
Indem sie weggehen von Betlehem, müssen sie auf der Spur des wahren Königs bleiben, in der Nachfolge Jesu.

Liebe Freunde, fragen wir uns, was das alles für uns bedeutet. Denn was wir eben über die andere Art Gottes gesagt haben, die unsere Lebensart bestimmen soll, klingt uns schön, aber es bleibt doch blass und unbestimmt. Deswegen hat Gott uns Beispiele geschenkt. Die Weisen aus dem Morgenland sind nur die ersten einer langen Prozession von Menschen, die nach dem Stern Gottes mit ihrem Leben Ausschau gehalten, den Gott gesucht haben, der uns Menschen nahe ist und uns den Weg zeigt. Es ist die große Schar der Heiligen, der bekannten und der unbekannten, in denen der Herr das Evangelium die Geschichte hindurch aufgeblättert hat und aufblättert. In ihrem Leben kommt wie in einem großen Bilderbogen der Reichtum des Evangeliums zum Vorschein. Sie sind die Lichtspur Gottes, die er selbst durch die Geschichte gezogen hat und zieht.

Mein verehrter Vorgänger Papst Johannes Paul II. hat eine große Schar von Menschen vergangener und naher Zeiten selig- und heilig gesprochen. Er wollte uns in diesen Gestalten zeigen, wie es geht, ein Christ zu sein; wie es geht, das Leben recht zu machen – nach der Weise Gottes zu leben. Die Seligen und Heiligen waren Menschen, die nicht verzweifelt nach ihrem eigenen Glück Ausschau hielten, sondern einfach sich geben wollten, weil sie vom Licht Jesu Christi getroffen waren. Und so zeigen sie uns den Weg, wie man glücklich wird, wie man das macht, ein Mensch zu sein. Im Auf und Ab der Geschichte waren sie die wirklichen Erneuerer, die immer wieder die Geschichte aus den dunklen Tälern herausgeholt haben, in denen sie immer neu zu versinken droht, immer wieder so viel Licht in sie brachten, dass man dem Wort Gottes, wenn vielleicht auch unter Schmerzen, zustimmen kann, der am Ende des Schöpfungswerkes gesagt hat: Es ist gut. Denken wir nur an Gestalten wie Sankt Benedikt, wie Franz von Assisi, wie Teresa von Avila, Ignatius von Loyola, Karl Borromäus, an die Ordensgründer des 19. Jahrhunderts, die der Sozialen Bewegung ihr Herz gegeben haben oder an Heilige unserer Zeit – Maximilian Kolbe, Edith Stein, Mutter Teresa, Pater Pio. Wenn wir diese Gestalten ansehen, dann lernen wir, was „anbeten" heißt und was es heißt, nach den Maßstäben des Kindes von Betlehem, den Maßstäben Jesu Christi und Gottes selbst zu leben. […]

Liebe Freunde! Lasst mich nur noch zwei kurze Gedanken anfügen. Von Gott reden viele; im Namen Gottes wird auch Hass gepredigt und Gewalt ausgeübt. Deswegen kommt es darauf an, das wahre Antlitz Gottes zu finden. Die Weisen aus dem Orient haben es gefunden, als sie sich vor dem Kind in Betlehem beugten. „Wer mich sieht, sieht den Vater", hat Jesus zu Philippus gesagt (Joh 14,9). In Jesus Christus, der sich für uns das Herz hat durchbohren lassen, ist uns das wahre Gesicht Gottes erschienen. Ihm folgen wir mit der großen Schar derer, die uns da vorangegangen sind. Dann gehen wir recht. Das bedeutet, das wir uns nicht einen privaten Gott und nicht einen privaten Jesus zurechtmachen, sondern dem Jesus glauben, vor dem Jesus uns beugen, den uns die Heiligen Schriften zeigen und der sich in der großen Prozession der Gläubigen, die wir Kirche nennen, als lebendig, als immer gleichzeitig mit uns und zugleich immer uns voraus zeigt. An der Kirche kann man sehr viel Kritik üben. Wir wissen es, und der Herr hat es uns gesagt: Sie ist ein Netz mit guten und schlechten Fischen, ein Acker mit Weizen und Unkraut. Papst Johannes Paul II., der uns in den vielen Seligen und Heiligen das wahre Gesicht der Kirche gezeigt hat, hat auch um Verzeihung gebeten für das, was durch das Handeln und Reden von Menschen der Kirche an Bösem in der Geschichte geschehen ist. So hält es auch uns selber den Spiegel vor und ruft uns auf, mit all unseren Fehlern und Schwächen in die Prozession der Heiligen einzutreten, die mit den Weisen aus dem Orient begonnen hat.
Im Grunde ist es doch tröstlich, dass es Unkraut in der Kirche gibt: In all unseren Fehlern dürfen wir hoffen, doch noch in der Nachfolge Jesu zu sein, der gerade die Sünder berufen hat. Die Kirche ist wie eine menschliche Familie, und sie ist doch zugleich die große Familie Gottes, durch die er einen Raum der Gemeinschaft und der Einheit quer durch die Kontinente, durch die Kulturen und Nationen legt. Deswegen freuen wir uns, dass wir zu dieser großen Familie gehören; dass wir Geschwister und Freunde haben in aller Welt.

Wir erleben es hier in Köln, wie schön es ist, einer weltweiten Familie anzugehören, die Himmel und Erde, Vergangenheit, Gegenwart und Zukunft und alle Teile der Erde umspannt. In dieser großen Weggemeinschaft gehen wir mit Christus, gehen wir mit dem Stern, der die Geschichte erleuchtet.

„Sie gingen in das Haus und sahen das Kind und Maria, seine Mutter; da fielen sie nieder und beteten es an" (Mt 2,11).

Liebe Freunde – das ist nicht eine weit entfernte, lang vergangene Geschichte. Das ist Gegenwart. Hier in der heiligen Hostie ist ER vor uns und unter uns. Wie damals verhüllt er sich geheimnisvoll in heiligem Schweigen, und wie damals offenbart er gerade so Gottes wahres Gesicht. Er ist für uns Weizenkorn geworden, das in die Erde fällt und stirbt und Frucht bringt bis zum Ende der Zeiten (vgl. Joh 12,24). Er ist da wie damals in Betlehem. Er lädt uns ein zu der inneren Wanderschaft, die Anbetung heißt. Machen wir uns jetzt auf diesen inneren Weg, und bitten wir ihn, dass er uns führe. Amen.

## M 3 Der Comedian Michael Mittermeier im Gespräch mit Publik-Forum (Interviewausschnitt)

**Publik-Forum:** Gibt es denn noch katholische Eckpunkte in Ihrem Leben?

**Mittermeier:** [...] Ich bin weniger katholisch als vielmehr ein Jesus-Fan. Jesus hat schon in vielem recht gehabt [...]. Jesus war locker, Jesus war cool. Der hat auch das Richtige gesagt. Und ich versuche, danach zu leben. „Behandle die anderen, wie du dich selbst behandeln würdest." Oder: „Liebe deinen Nächsten wie dich selbst." Das ist eine gute Maxime. Nach solchen Dingen lebe ich. Der hat schon recht gehabt, der Bursche.

**Publik-Forum:** Sie tragen in Ihrem Programm immer wieder ein T-Shirt, auf dem steht: „Vote Jesus". Das hat für Sie also eine Bedeutung?

**Mittermeier:** Schon. Der hat ja was gerissen, der Jesus. [...] Immer sehen wir ihn am Kreuz hängen. Jesus war, glaub ich, ein Mensch, der ein wahnsinniges Charisma hatte. Die Leute haben gewusst: „Scheiße, jetzt kommt einer, hui, da passiert was." Und nicht so: „Wunder, Wasser zu Wein" und all dieses. Wichtig ist, dass der Mann ein außergewöhnlicher Mensch war, ein Mandela hoch Hundert. Das glaub ich.

### Anregungen zur Weiterarbeit

1. Fassen Sie kurz zusammen, wie Mittermeier M 3 zu Jesus steht.
2. Erläutern Sie, warum Mittermeier sich als „Jesus-Fan" bezeichnet.
3. Konkretisieren Sie an Beispielen, warum ein Mensch zum „Jesus-Fan" werden kann. Zur Vertiefung und Unterstützung lesen Sie M 4.
4. Ziehen Sie Konsequenzen für das (christliche) Miteinander, wenn man Jesus nachfolgt und sich seiner Sache annimmt. Beziehen Sie sich dabei auch auf Küng M 4.

## M 4 Hans Küng: Grundmodell einer Lebensschau und Lebenspraxis

Zwei naheliegenden Missverständnissen ist nun sogleich vorzubeugen:
Ein Erstes: Jesus Christus wurde als historische Gestalt in ihrer Anschaulichkeit, Vernehmbarkeit, Realisierbarkeit herausgestellt. Trotz aller Anschaulichkeit, Vernehmbarkeit, Realisierbarkeit jedoch werden Jesu Person und Sache keineswegs von vornherein jedem fraglos so einsichtig und zwingend evident, dass der Mensch gar nicht mehr Nein sagen könnte. Im Gegenteil: Gerade in seiner Anschaulichkeit wirkt er derart anziehend, in seiner Vernehmbarkeit derart fordernd, in seiner Realisierbarkeit derart ermutigend, dass der Mensch sich vor eine klare und unausweichliche Entscheidung gestellt sieht, die eben nur eine Entscheidung des Glaubens sein kann: dieser Botschaft zu vertrauen, sich auf seine Sache einzulassen, seinem Weg nachzufolgen.
Ein Zweites: Auch für den, der sich im Glauben für ihn, seine Sache und seinen Weg entschieden hat, wird Jesus nicht zur bequemen Generalantwort auf sämtliche ethischen Fragen des alltäglichen Lebens, wie etwa Geburten geregelt, Kinder erzogen, Macht kontrolliert, die Mitbestimmung und die Fließbandarbeit organisiert oder wie die Umwelt sauber gehalten werden soll. Er ist kein beliebiges, in allen Einzelheiten simpel zu kopierendes Modell, sondern ein je nach Zeit, Ort und Person in unendlich vielen Weisen zu realisierendes Grundmodell. Er wird ja auch in den Evangelien nirgendwo mit Tugend-Adjektiven charakterisiert, sondern vielmehr in seinen Aktionen und Relationen beschrieben. Was er ist, zeigt sich in dem, was er tut. Dieser Jesus Christus erlaubt Nachfolge in Entsprechung, in Korrelation zu ihm selbst, aber keine Imitation, keine Kopien seiner selbst.
Lässt sich ein Mensch auf Jesus als den Maßgebenden ein, lässt er sich von der Person Jesu Christi als dem Grundmodell einer Lebensschau und Lebenspraxis bestimmen, so formt das allerdings den ganzen Menschen um. Jesus Christus ist ja nicht nur ein äußeres Ziel, eine vage Dimension, eine allgemeine Verhaltensregel, ein zeitloses Ideal. Er bestimmt und beeinflusst Leben und Verhalten des Menschen nicht nur von außen, sondern von innen her. Nachfolge Christi bedeutet nicht nur Information, sondern Formation: nicht nur eine Oberflächenänderung, sondern eine Änderung des Herzens und von daher die Änderung des ganzen Menschen. Also geradezu Formung eines neuen Menschen: eine Neuschöpfung im freilich je verschiedenen, individual wie sozial bedingten Kontext des eigenen Lebens in seiner Besonderheit und Eigenartigkeit, ohne alle Uniformierung.
Ja, so könnte man Jesu einzigartige Bedeutung für das menschliche Handeln zusammenfassend umschreiben: Er selbst mit seinem Wort, seinen Taten, seinem Geschick, er selbst in Anschaulichkeit, Vernehmbarkeit und Realisierbarkeit ist in Person die Einladung, der Appell, die Herausforderung für den Einzelnen und die Gesellschaft. Als das maßgebende Grundmodell einer Lebensschau und Lebenspraxis liefert er fern aller Gesetzlichkeit und Kasuistik einladende, verpflichtende und herausfordernde Beispiele, Zeichentaten, Orientierungsmaßstäbe, Leitwerte, Musterfälle. Und gerade so beeindruckt und beeinflusst, verändert und verwandelt er die glaubenden Menschen und damit die menschliche Gesellschaft. Dem Einzelnen wie der Gemeinschaft, die sich auf ihn einlassen, vermittelt und ermöglicht Jesus ganz konkret: eine neue Grundorientierung und Grundhaltung, eine neue Lebenseinstellung, zu der Jesus herausgefordert und deren Konsequenzen er aufgezeigt hat: Derjenige Mensch oder diejenige Menschengemeinschaft darf und kann anders, echter, menschlicher leben, die als konkretes Leitbild und Lebensmodell für ihr Verhältnis zu Mensch, Welt und Gott diesen Jesus Christus vor sich hat. Er ermöglicht einem Identität und innere Kohärenz im Leben.
Neue Motivationen, neue Motive des Handelns, die von Jesu „Theorie" und „Praxis" abgelesen werden können: Von ihm her ist es möglich, die Frage zu beantworten, warum der

Mensch gerade so und nicht anders handeln, warum er nicht hassen, sondern lieben soll, warum er – worauf selbst Freud keine Antwort wusste – auch dann noch ehrlich, schonungsbereit und womöglich gütig sein soll, wenn er dadurch zu Schaden kommt und durch die Unverlässlichkeit und Brutalität anderer zum „Amboss" wird.
Neue Dispositionen, neue konsistente Einsichten, Tendenzen, Intentionen, die im Geist Jesu Christi gefasst und durchgehalten werden: Nicht nur für vereinzelte und vorübergehende Momente, sondern auf Dauer werden hier Bereitwilligkeit erzeugt, Haltungen geschaffen, Qualifikationen vermittelt, die das Verhalten zu steuern vermögen: Dispositionen des unprätentiösen Engagements für die Mitmenschen, der Solidarisierung mit den Benachteiligten, des Kampfes gegen ungerechte Strukturen; Dispositionen der Dankbarkeit, Freiheit, Großzügigkeit, Selbstlosigkeit, Freude, aber auch des Schonens, Verzeihens und Dienens; Dispositionen, die sich auch in Grenzsituationen bewähren, in der Opferbereitschaft aus der Fülle des Sichverschenkens, im Verzicht auch da, wo man es nicht nötig hätte, in der Leistungsbereitschaft um der größeren Sache willen.
Neue Aktionen, neue Taten im Kleinen oder Großen, die in der Nachfolge Jesu Christi gerade auch dort ansetzen, wo niemand hilft: nicht nur allgemeine gesellschaftsverändernde Programme, sondern konkrete Zeichen, Zeugnisse, Zeugen der Menschlichkeit und der Vermenschlichung des Menschen wie der menschlichen Gesellschaft.
Einen neuen Sinnhorizont und eine neue Zielbestimmung in der letzten Wirklichkeit, in der Vollendung von Mensch und Menschheit in Gottes Reich, die nicht nur das Positive des Menschenlebens, sondern auch das Negative zu tragen vermögen: Im Licht und in der Kraft Jesu Christi wird nicht nur für Leben und Handeln, sondern auch für Leiden und Sterben des Menschen, wird nicht nur für die Erfolgsgeschichte, sondern auch für die Leidensgeschichte der Menschheit dem Glaubenden ein letzter Sinn angeboten.

## M5 Reinhard Lettmann: Ein treuer Freund

In einem Kyrie-Ruf sprechen wir Jesus an: „Herr Jesus, du Freund deiner Freunde" (GL 495,7). Jesus hat Freunde. Als Lazarus krank war, benachrichtigten seine Schwestern Jesus und ließen ihm sagen: „Herr, dein Freund ist krank." Auch den Schwestern des Lazarus, Maria und Marta, ist Jesus freundschaftlich verbunden (Joh 11,3.5).
Ein Gebet im italienischen Stundenbuch lässt uns beten: „Christo, sapienza eterna, donaci di gustare la tua dolce amicizia." – „Christus, ewige Weisheit, lass uns deine süße Freundschaft verkosten." Die Worte des Gebetes sind aus italienischem Empfinden gewählt. Die Freundschaft, die Jesus anbietet, ist ein Geschenk, das unser Herz froh machen kann.
Mit etwas nüchternen Worten spricht die heilige Theresia von Avila von der Freundschaft mit Jesus: „Wer Jesus als Freund und hochherzigen Führer an seiner Seite hat, kann alles tragen; denn Jesus hilft uns und gibt Kraft. Er lässt keinen im Stich und ist ein wahrer und aufrichtiger Freund. Ich sehe deutlich: Wenn wir Gott gefallen und große Gnaden von ihm empfangen möchten, muss uns nach seinem Willen die Hand der heiligen Menschheit des Sohnes helfen, an dem seine göttliche Herrlichkeit Gefallen findet, wie er selbst gesagt hat. […] Was wollen wir mehr als einen treuen Freund an unserer Seite, der uns in Mühsal und Not nicht verlässt, wie es weltliche Freunde tun? Wohl dem, der ihn wirklich und aufrichtig liebt und ihn immer neben sich hat!"
[…]
„Herr Jesus, du Freund deiner Freunde": Wir dürfen ihn um das Geschenk seiner Freundschaft bitten und wollen uns bemühen, seine Freundschaft zu erwidern. „Denn Liebe verlangt Gegenliebe" (Lesehore im Stundenbuch am Festtag der heiligen Theresia von Avila).

## M6 Hans Küng: Menschsein aufgehoben im Christsein

Kurz und direkt gefragt: Warum soll man Christ sein? Ebenso kurz und direkt geantwortet: Um wahrhaft Mensch zu sein! Das heißt prinzipiell: Kein Christsein auf Kosten des Menschseins. Aber auch umgekehrt: Kein Menschsein auf Kosten des Christseins. Kein Christsein neben, über oder unter dem Menschsein: Der Christ soll gespaltener Mensch sein.
Das Christliche ist also kein Überbau und kein Unterbau des Menschlichen, sondern es ist im besten Sinn des Wortes – bewahrend, verneinend und übersteigend – die „Aufhebung" des Menschlichen. Christsein bedeutet also eine „Aufhebung" der anderen Humanismen: Sie werden bejaht, sofern sie das Menschliche bejahen. Sie werden verneint, sofern sie das Christliche, den Christus selber, verneinen. Sie werden überstiegen, sofern das Christsein das Menschlich-Allzumenschliche sogar in aller Negativität voll einzubeziehen vermag.
Christen sind nicht weniger Humanisten als alle Humanisten. Aber sie sehen das Menschliche, das wahrhaft Menschliche, das Humane, sie sehen den Menschen und seinen Gott, sehen Humanität, Freiheit, Gerechtigkeit, Leben, Liebe, Frieden, Sinn von diesem Jesus her, der für sie der konkret Maßgebende, der Christus ist. Von ihm her meinen sie nicht einen beliebigen Humanismus vertreten zu können, der einfach alles Wahre, Gute, Schöne und Menschliche bejaht. Sondern einen wahrhaft radikalen Humanismus, der auch das Unwahre, Ungute, Unschöne und Unmenschliche zu integrieren und zu bewältigen vermag: nicht nur alles Positive, sondern auch – und hier entscheidet sich, was ein Humanismus taugt – alles Negative, selbst Leiden, Schuld, Tod, Sinnlosigkeit.
Im Blick auf ihn, den Gekreuzigten und Lebendigen, vermag der Mensch auch in der Welt von heute nicht nur zu handeln, sondern auch zu leiden, nicht nur zu leben, sondern auch zu sterben. Und es leuchtet ihm auch dort noch Sinn auf, wo die reine Vernunft kapitulieren muss, auch in sinnloser Not und Schuld, weil er sich auch da, weil er sich im Positiven wie im Negativen von Gott gehalten weiß. So schenkt der Glaube an Jesus den Christus Frieden mit Gott und mit sich selbst, überspielt aber nicht die Probleme der Welt. Er macht den Menschen wahrhaft menschlich, weil wahrhaft mitmenschlich: bis zum Letzten offen für den Anderen, der ihn gerade braucht, den „Nächsten".

So haben wir gefragt: Warum soll man Christ sein? Man wird es nun gut verstehen, wenn ich am Ende die Antwort nochmals auf die knappe zusammenfassende Formel bringe:
*In der Nachfolge Jesu Christi*
*kann der Mensch in der Welt von heute*
*wahrhaft menschlich leben, handeln, leiden und sterben:*
*in Glück und Unglück, Leben und Tod*
*gehalten von Gott und hilfreich den Menschen.*

## Anregungen zur Weiterarbeit

1. Arbeiten Sie heraus, wie die „Freundschaft", die Jesus mit Menschen eingeht, zu charakterisieren ist. Beziehen Sie sich dazu auf die bisherigen Erkenntnisse zu Jesu Leben und Wirken und auf **M 5**.
2. Erläutern Sie, was es bedeutet, wenn Theresia von Avila sagt: „Wer Jesus als Freund und hochherzigen Führer an seiner Seite hat, kann alles tragen ..." (**M 5**).
3. Erläutern Sie, warum man laut Küng **M 6** Christ sein sollte.
4. Weisen Sie anhand einer von Ihnen gewählten Biografie nach, was es heißt, Christ zu sein.
5. Entwerfen Sie Perspektiven für das gesellschaftliche Miteinander, wenn nach christlichen Maßstäben gelebt wird. Konkretisieren Sie Ihre Ideen anhand von Beispielen.

## M 7 Norbert Copray: Jesus ist nicht mehr „in"

Jesus? Wer soll das sein? Reißt er noch jemanden vom Hocker? Weckt er Begeisterung, Emphase? Eher nicht. Eine lautlose Jesus-Vergessenheit hat sich breitgemacht. Jesus ist nicht mehr „in", nicht cool, ist keine Figur, an der sich sehr viele Menschen reiben. Ab Mitte der 1960er- bis in die 1980er-Jahre hinein gab es heiße Debatten um Jesus. Da gab es den „Jesus für Atheisten", Hans Küngs „Christ sein", den „Che-Guevara-Jesus", „Jesus, den Psychotherapeuten" und den „femininen Jesus". Seit mehr als zehn Jahren ist in dieser Hinsicht Ruhe eingekehrt. Der CDU-Politiker Heiner Geißler fragte zwar noch einmal: „Was würde Jesus sagen?" Doch eine breite Debatte entstand nicht. Ob „Jesus für Manager" oder „Jesus, der Coach": All diese Aktualisierungen wirken bemüht, sie setzen keine Emotionen frei, außer in kleinen Szenen und Zirkeln, in denen Jesus als Verkaufshilfe funktioniert.
Vor einigen Jahren kam der umstrittene Jesusfilm „Die Passion Christi" von und mit Mel Gibson in die Kinos. Doch es blieb bei einem Erregungsanlass für Medien und Kirchenleitungen. „Jesus Christ Superstar" – das war einmal. Selbst wenn Jesus noch auf der Bühne stehen sollte: Das Publikum ist schon gegangen, der Beifall spärlich. In den heutigen spirituellen Szenen spielt Jesus keine große Rolle. Da geht es meist um das Große und Ganze, um die Alleinheit, ums Verschmelzen und Vereinen. Jesus mit seiner ganz und gar nicht schwelgerischen Frömmigkeit stört da eher, zumal bei ihm Spiritualität weder Selbstzweck noch Selbstverwirklichung ist, sondern einen deutlich gesellschaftlichen Bezug hat. Sicherlich: Es gibt da noch die Jesus Freaks und die Jesus People. Doch wer genauer hinschaut, stellt schnell fest: Jesus ist hier eine Art Anchorman, der die Leute in die eigentliche Show, auf den vermeintlich richtigen Lebensweg ziehen soll. Und der endet schnell bei einem vorjesuanischen Gottesbild – mit entsprechender Droh- und Mahngebärde, die Jesus ablehnte und derentwegen er seinen Lehrer Johannes den Täufer schließlich verließ. Jesus verblasst bei den emphatischen Jesus-Jüngern, sonst würde ihnen auffallen, dass er selbst der Grund ist, Freiheit, Liebe und Barmherzigkeit stets in einem Atemzug zu nennen. [...]
Der Mann aus Nazareth wurde zum reinen „Sohn Gottes" entrückt. Doch dieser Jesus erschüttert kaum noch jemanden. Wo die Göttlichkeit Jesu nicht mehr in seiner besonderen Menschlichkeit besteht, verliert sich die Strahlkraft dieser Gestalt. Sie degeneriert zum belanglosen Heiligenschein. [...] Jesus ist auf der Strecke geblieben: im Kampf der Kirchen um ihre Deutungshoheit, im Kampf der christlichen Fundamentalisten ums Rechthaben, im Kampf der Menschen um privates Glück und auf der Suche nach spiritueller Lebenskunst. Jesus ist dabei, zu verdunsten.
Jede Zeit hat bislang ihr Jesusbild hervorgebracht. Heute gibt es weder einen Streit darum, der ein größeres Publikum bewegt, noch ein oder zwei beeindruckende Jesusbilder, in denen sich die Fragen und Sehnsüchte der Gegenwart spiegeln. Bekommt der verblassende Jesus noch einmal eine Chance?

## Abschließende Anregungen zur Weiterarbeit

1. Arbeiten Sie aus **M 7** heraus, wie Jesus in der Gesellschaft wahrgenommen wird.
2. Konkretisieren Sie diese Ergebnisse anhand von Beispielen.
3. Setzen Sie sich mit der Argumentation in **M 7** auseinander, indem Sie Ihre Ergebnisse und Erkenntnisse zu „Jesus von Nazaret – Jesus Christus" aus diesem Themenheft resümierend einbeziehen und eine Kampagne „Jesus ist in!" vorbereiten und starten.

# 5 Methoden

## Gruppenpuzzle

Mithilfe dieser Methode vermitteln Sie sich gegenseitig Ergebnisse aus arbeitsteiligen Gruppenarbeiten.
Alle Schüler und Schülerinnen sind bei dieser Methode involviert und zur aktiven Mitarbeit aufgerufen.

**Vorgehensweise**
- Jedem Schüler wird ein Buchstabe zugewiesen. Bei vier Materialien, die es zu erarbeiten gilt, sind es die Buchstaben A bis D.
- Alle Schüler mit gleichem Buchstaben bilden die Expertengruppe.
- Jedes Gruppenmitglied liest zunächst intensiv den Text/das Material.
- Anschließend werden innerhalb der Gruppe ggf. entstandene Fragen beantwortet.
- Die Expertengruppe bearbeitet nun die zu erledigenden Arbeitsaufträge.
- In einem folgenden Schritt werden die Expertengruppen aufgelöst bzw. neu gemischt: Je ein Experte aus jeder Gruppe bildet mit den anderen Experten eine neue Gruppe, sodass sich immer ein Vertreter eines jeden Buchstabens in der Gruppe befindet. (Es entsteht die Gruppenstruktur A bis D.)
- Nun tragen die einzelnen Experten ihre Ergebnisse nacheinander vor, sodass jedes Gruppenmitglied alle Informationen aus den Gruppen A bis D erhält.
- Nach jedem Expertenvortrag kann eine kurze Sicherungsphase erfolgen, in der die Gruppenmitglieder die wichtigsten Ergebnisse in ihren Unterlagen sichern.

## Innerer Monolog

Mithilfe dieser Methode versetzen Sie sich in den jeweiligen Charakter, die jeweilige Person hinein. Sie formulieren ihre Gefühle und Gedanken in einer bestimmten Situation, die Ihnen durch den Arbeitsauftrag vorgegeben ist. Das fördert nicht nur Ihre Empathiefähigkeit, sondern trägt auch zur (weiterführenden) Interpretation eines Aspekts bei.

**Vorgehensweise**
- Lernen Sie die Figur zunächst kennen: Ermitteln Sie die wichtigsten Informationen, die Ihnen Ihr Material gibt, z. B. Name, Herkunft, Charakteristika etc.
- Nehmen Sie dann die Situation in den Blick, in der sich die Person gerade befindet. Wie fühlt sich die Person in dieser Situation? Welche positiven und/oder negativen Konsequenzen hat die Situation für die Person und vielleicht auch für weitere Personen? Befindet sich die Person in einem inneren Konflikt? Hat sie Angst, empfindet sie Freude, Glück etc.?
- Formulieren Sie nach dieser intensiven Vorarbeit den inneren Monolog. Wählen Sie als Tempus das Präsens und formulieren Sie in ganzen Sätzen, aber auch Halbsätze oder „Gedankenfetzen" sind erlaubt.

## Mindmap

Die Mindmap hilft Ihnen, einen Text oder ein Thema zu strukturieren und sich einen schnellen Überblick über die wichtigsten Aspekte, Begriffe und Zusammenhänge der Thematik zu verschaffen.

**Vorgehensweise**
- Schreiben Sie zunächst das Thema, zu dem Sie eine Mindmap erstellen wollen, in die Mitte eines Blattes.
- Suchen Sie sich dann die wichtigsten Teilbereiche Ihres Themas heraus und schreiben Sie sie als Oberbegriffe rund um Ihr Thema, sodass sie wie „Abzweigungen" des eigentlichen Themas gesehen werden können.
- Wählen Sie dann zunächst einen „Ast" aus, den Sie nun weiter verzweigen werden: Suchen Sie die Informationen, die zu Ihrem gewählten Ast passen und schreiben Sie die Informationen stichwortartig dazu.
- Diese Informationen können nun immer weiter bis ins Detail verzweigt werden.
- Nehmen Sie sich dann die weiteren Oberbegriffe vor und erstellen Sie nach und nach Ihre Mindmap.

## Schreibgespräch

Beim Schreibgespräch kommunizieren die Gruppenmitglieder schriftlich, das heißt ohne Worte. Dies hat den Vorteil, dass Beiträge zu einem bestimmten Thema vorher mehr durchdacht werden, als es z. B. bei einem Plenumsgespräch oftmals der Fall ist.
Darüber hinaus wird jedem Schüler/jeder Schülerin auf diese Weise die Möglichkeit gegeben, sich aktiv mit einem Thema auseinanderzusetzen.

**Vorgehensweise**
- Bilden Sie kleine Gruppen (3–4 Schüler/Schülerinnen).
- Auf einem großen Blatt wird das Thema, über das „gesprochen" werden soll, in der Mitte notiert.
- Jedes Gruppenmitglied hat nun die Gelegenheit, das zu formulieren, was ihm zu diesem Thema einfällt oder wichtig ist. Entscheidend ist, dass dies in absoluter Stille geschieht.
- Durch Drehen des Blattes können Sie die Beiträge Ihrer Gruppenmitglieder lesen und schriftlich auf diese Gedanken Bezug nehmen.
- Das Schreibgespräch ist beendet, wenn kein Gruppenmitglied mehr etwas schreiben möchte.
- Die Ergebnisse können anschließend kurz schriftlich zusammengefasst und im Plenum besprochen und diskutiert werden.

## Standbild bauen

Bei einem Standbild wird eine Figur aus Menschen so arrangiert, dass die Deutung eines Textes oder anderen Materials deutlich wird.
Im anschließenden Gespräch kommt es dann zu einer intensiven Beschäftigung mit dem Ausgangsmaterial.

**Vorgehensweise**

- Bilden Sie Gruppen (die Gruppengröße variiert je nach Thematik und Aufgabenstellung).
- Werten Sie das Material, das Sie zum Bau des Standbildes verwenden, hinsichtlich der Aufgabenstellung aus.
- Planen Sie innerhalb der Gruppe Ihr Standbild: Bestimmen Sie in der Gruppe einen Regisseur (oder ein Regisseurteam), der das Standbild baut und verteilen Sie die einzelnen Figurenrollen, die es darzustellen gilt.
- Der Regisseur (das Regisseurteam) beginnt nun, die Figuren zu modellieren. Die Figuren werden so lange arrangiert, bis Gestik, Mimik etc. passend sind.
- Diejenigen, die keine Rolle übernehmen, begutachten das Resultat aus verschiedenen Perspektiven, modellieren das gebaute Standbild gegebenenfalls um und geben den Darstellern (gemäß des Arbeitsauftrags) eine Rückmeldung bezüglich Ihrer Haltung, Gestik, Mimik und Position.
- Präsentieren Sie sich anschließend Ihre fertig erstellten Standbilder im Plenum und werten Sie sie bzgl. des Arbeitsauftrags aus.

# 6 Operatoren

Die Vorschläge zur Weiterarbeit sind weitgehend unter Zuhilfenahme der Operatoren formuliert, die angeben, welche Tätigkeiten beim Lösen von Aufgaben gefordert werden. Sie sind den „Einheitlichen Prüfungsanforderungen in der Abiturprüfung Katholische Religion" (EPA), die die Kultusministerkonferenz 2006 beschlossen hat, entnommen. Dort sind sie für das Formulieren von Abiturprüfungsaufgaben verbindlich festgelegt und bestimmten Anforderungsbereichen zugeordnet worden. Der Anforderungsbereich II soll bei einer Prüfaufgabe (Klausur) mit ca. 40 % vertreten sein, die Bereiche II und III mit jeweils ca. 30 %. Obgleich man zwischen Prüfaufgaben und Lernaufgaben unterscheiden muss – und dieses Heft sich mit Lernaufgaben befasst, die natürlich mehr umfassen als Prüfbares – ist es sinnvoll, mit den Operatoren bereits in der gymnasialen Oberstufe und soweit wie möglich auch bei Lernaufgaben zu arbeiten, damit die Schülerinnen und Schüler frühzeitig Gelegenheit erhalten, sich mit den durch die Operatoren angezeigten Anforderungsbereichen vertraut zu machen. Im Folgenden wird die Operatorenliste der EPA wiedergegeben. Einzelne Bundesländer haben sich auf eine weniger umfangreiche Liste verständigt.

**Anforderungsbereich I**

| Operatoren | Definitionen |
|---|---|
| • nennen<br>• benennen | ausgewählte Elemente, Aspekte, Merkmale, Begriffe, Personen etc. unkommentiert angeben |
| • skizzieren | einen bekannten oder erkannten Sachverhalt oder Gedankengang in seinen Grundzügen ausdrücken |
| • formulieren<br>• darstellen<br>• aufzeigen | den Gedankengang oder die Hauptaussage eines Textes oder einer Position mit eigenen Worten darlegen |
| • wiedergeben | einen bekannten oder erkannten Sachverhalt oder den Inhalt eines Textes unter Verwendung der Fachsprache mit eigenen Worten ausdrücken |
| • beschreiben | die Merkmale eines Bildes oder eines anderen Materials mit Worten in Einzelheiten schildern |
| • zusammenfassen | die Kernaussagen eines Textes komprimiert und strukturiert darlegen |

**Anforderungsbereich II**

| Operatoren | Definitionen |
|---|---|
| • einordnen<br>• zuordnen | einen bekannten oder erkannten Sachverhalt in einen neuen oder anderen Zusammenhang stellen oder die Position eines Verfassers bezüglich einer bestimmten Religion, Konfession, Denkrichtung etc. unter Verweis auf Textstellen und in Verbindung mit Vorwissen bestimmen |
| • anwenden | einen bekannten Sachverhalt oder eine bekannte Methode auf etwas Neues beziehen |
| • belegen<br>• nachweisen | Aussagen durch Textstellen oder bekannte Sachverhalte stützen |
| • begründen | Aussagen durch Argumente stützen |
| • erläutern<br>• erklären<br>• entfalten | einen Sachverhalt, eine These etc. ggf. mit zusätzlichen Informationen und Beispielen nachvollziehbar veranschaulichen |
| • herausarbeiten | aus Aussagen eines Textes einen Sachverhalt oder eine Position erkennen und darstellen |

| Operatoren | Definitionen |
|---|---|
| • vergleichen | nach vorgegebenen oder selbst gewählten Gesichtspunkten Gemeinsamkeiten, Ähnlichkeiten und Unterschiede ermitteln und darstellen |
| • analysieren<br>• untersuchen | unter gezielter Fragestellung Elemente, Strukturmerkmale und Zusammenhänge systematisch erschließen und darstellen |
| • in Beziehung setzen | Zusammenhänge unter vorgegebenen oder selbst gewählten Gesichtspunkten begründet herstellen |

**Anforderungsbereich III**

| Operatoren | Definitionen |
|---|---|
| • sich auseinandersetzen mit | ein begründetes eigenes Urteil zu einer Position oder einem dargestellten Sachverhalt entwickeln |
| • beurteilen<br>• bewerten<br>• Stellung nehmen<br>• einen begründeten Standpunkt einnehmen | zu einem Sachverhalt unter Verwendung von Fachwissen und Fachmethoden sich begründet positionieren (Sach- bzw. Werturteil) |
| • erörtern | die Vielschichtigkeit eines Beurteilungsproblems erkennen und darstellen, dazu Thesen erfassen bzw. aufstellen, Argumente formulieren, nachvollziehbare Zusammenhänge herstellen und dabei eine begründete Schlussfolgerung erarbeiten (dialektische Erörterung) |
| • prüfen<br>• überprüfen | eine Meinung, Aussage, These, Argumentation nachvollziehen, kritisch befragen und auf der Grundlage erworbener Fachkenntnisse begründet beurteilen |
| • interpretieren | einen Text oder ein anderes Material (z. B. Bild, Karikatur, Tondokument, Film) sachgemäß analysieren und auf der Basis methodisch reflektierten Deutens zu einer schlüssigen Gesamtauslegung gelangen |
| • gestalten<br>• entwerfen | sich textbezogen mit einer Fragestellung kreativ auseinandersetzen |
| • Stellung nehmen aus der Sicht von …<br>• eine Erwiderung formulieren aus der Sicht von … | eine unbekannte Position, Argumentation oder Theorie aus der Perspektive einer bekannten Position beleuchten oder infrage stellen und ein begründetes Urteil abgeben |
| • Konsequenzen aufzeigen<br>• Perspektiven entwickeln | Schlussfolgerungen ziehen; Perspektiven, Modelle, Handlungsmöglichkeiten, Konzepte u. a. entfalten |

**Literaturverzeichnis**


**5:** Küng, Hans: Credo, 3. Auflage München 1993, S. 67f. (in Auszügen).

**6:** Die Bilder der Bibel von Sieger Köder, erschließende und meditative Texte, hg. v. Gertrud Widmann, 5. Auflage Ostfildern 1998, S. 144 (Auszug).

**6ff.:** Halbfas, Hubertus: Der Glaube, erschlossen und kommentiert von Hubertus Halbfas, Ostfildern 2010, S. 251ff.

**8:** Küng, Hans: Christsein – was heißt das? 20 Thesen zu einer Frage, die auf den Nägeln brennt, in: Publik-Forum. Zeitung kritischer Christen. Dossier, Nr. 18, 23. Juli 2005, S. VI.

**9:** Rahner, Karl/Weger, Karl-Heinz (Hrsg.): Der Glaube der Kirche in den Urkunden der Lehrverkündigung, Regensburg 1992, S. 165f.

**9:** Katholischer Erwachsenenkatechismus. Das Glaubensbekenntnis der Kirche, hg. v. der Deutschen Bischofskonferenz, Bonn 1985, S. 156–158 (in Auszügen).

**10f.:** Scheffczyk, Leo: Wer ist Christus? Jesus Christus – der Grund des Glaubens, in: Plädoyer für die Kirche. Urteile über Vorurteile, hg. v. Michael Müller, 5. Auflage, Aachen 1993, S. 55–60 (in Auszügen).

**12:** Halbfas, Hubertus: Die Bibel, erschlossen und kommentiert von Hubertus Halbfas, 6. Auflage, Ostfildern 2010, S. 387f.

**13:** Küng, Hans: Das Judentum. Die religiöse Situation der Zeit, 6. Auflage, München 2007, S. 384–386 (in Auszügen).

**13f.:** Rosien, Peter: Ein Geheimcode entschlüsselt die Evangelien, in: Publik Forum. Zeitung kritischer Christen. Dossier, Nr. 2, 27. Januar 2006, S. V-VIII (in Auszügen).

**15:** Fries, Heinrich: Fundamentaltheologie, 2. unveränderte Auflage, Graz Wien Köln 1985, S. 72.

**16:** Schierse, Franz-Joseph: Patmos-Synopse, neubearbeitete und erweiterte Auflage, Düsseldorf 1979, S. 125f.

**17:** Halbfas, Hubertus: Der Glaube, erschlossen und kommentiert von Hubertus Halbfas, Ostfildern 2010, S. 255–257 (in Auszügen).

**18:** Ratzinger, Joseph/Benedikt XVI.: Jesus von Nazareth. Erster Teil: Von der Taufe im Jordan bis zur Verklärung, Freiburg im Breisgau 2007, S. 89f.

**19:** Nocke, Franz-Josef: Eschatologie (Reihe: Leitfaden Theologie), 5. Auflage, Düsseldorf 1995, S. 41–45 (in Auszügen).

**20:** Schulz, PD Dr. Georg-Michael: Artikel „Gleichnis", in: Metzler Literatur Lexikon. Begriffe und Definitionen, hg. v. Günther und Irmgard Schweikle, 2., überarbeitete Auflage, Stuttgart 1990, S. 182.

**20f.:** Halbfas, Hubertus: Die Bibel, erschlossen und kommentiert von Hubertus Halbfas, 6. Auflage, Ostfildern 2010, S. 376f.

**22f.:** Ratzinger, Joseph/Benedikt XVI.: Jesus von Nazareth. Erster Teil: Von der Taufe im Jordan bis zur Verklärung, Freiburg im Breisgau 2007, S. 235–237 (in Auszügen).

**23:** Crossan, John Dominic: Jesus. Ein revolutionäres Leben, München 1996, S. 96–100, 103. C. H. Beck; Übers.: Peter Hahlbrock.

**23f.:** Schillebeeckx, Edward: Das Evangelium erzählen, Düsseldorf 1983, S. 44–45; Übers.: Hugo Zulauf.

**27f.:** Berger, Klaus: Jesus, München 2007, S. 321ff.

**28f.: a)** Ratzinger, Joseph/Benedikt XVI.: Jesus von Nazareth. Erster Teil: Von der Taufe im Jordan bis zur Verklärung, Freiburg im Breisgau 2007, S. 100–104 (in Auszügen).

**29: b)** Hoffmann, Paul: Das Reich und die Armen in der Verkündigung Jesu, in: rhs: Was hat das Christentum gebracht? Heft 4/1993, S. 244.

**30:** Ratzinger, Joseph/Benedikt XVI.: Jesus von Nazareth. Erster Teil: Von der Taufe im Jordan bis zur Verklärung, Freiburg im Breisgau 2007, S. 104–107 (in Auszügen).

**30:** Ratzinger, Joseph/Benedikt XVI.: Jesus von Nazareth. Erster Teil: Von der Taufe im Jordan bis zur Verklärung, Freiburg im Breisgau 2007, S. 110–114 (in Auszügen).

**30f.:** Ratzinger, Joseph/Benedikt XVI.: Jesus von Nazareth. Erster Teil: Von der Taufe im Jordan bis zur Verklärung, Freiburg im Breisgau 2007, S. 115f.

**31:** Ratzinger, Joseph/Benedikt XVI.: Jesus von Nazareth. Erster Teil: Von der Taufe im Jordan bis zur Verklärung, Freiburg im Breisgau 2007, S. 116–119 (in Auszügen).

**31f.:** Ratzinger, Joseph/Benedikt XVI.: Jesus von Nazareth. Erster Teil: Von der Taufe im Jordan bis zur Verklärung, Freiburg im Breisgau 2007, S. 119f.

**32:** Ratzinger, Joseph/Benedikt XVI.: Jesus von Nazareth. Erster Teil: Von der Taufe im Jordan bis zur Verklärung, Freiburg im Breisgau 2007, S. 121f.

**32:** Ratzinger, Joseph/Benedikt XVI.: Jesus von Nazareth. Erster Teil: Von der Taufe im Jordan bis zur Verklärung, Freiburg im Breisgau 2007, S. 123f.

**33:** Halbfas, Hubertus: Der Glaube, erschlossen und kommentiert von Hubertus Halbfas, Ostfildern 2010, S. 435.

**34:** Steffensky, Fulbert: Kann Rache das Leben ändern?, in: Publik Forum, Ausgabe 8/2004, S. 50.

**35f.:** Halbfas, Hubertus: Die Bibel, erschlossen und kommentiert von Hubertus Halbfas, 6. Auflage, Ostfildern 2010, S. 437–439.

**36:** Ratzinger, Joseph/Benedikt XVI.: Jesus von Nazareth. Erster Teil: Von der Taufe im Jordan bis zur Verklärung, Freiburg im Breisgau 2007, S. 179–181 (in Auszügen).

**36f.:** Baas, Britta: Religion und Instinkt, aus dem Originalwerk: Publik Forum. Kritisch, christlich, unabhängig. Ausgabe 8/2004, S. 52 (gekürzt).

**38:** Hierzenberger, Gottfried: Religion – Was gibt mir das? Ein Jugendlexikon, Innsbruck, Wien 1994, S. 141f.

**39:** Kliemann, Peter: Glauben ist menschlich. Argumente für die Torheit vom gekreuzigten Gott, 15. Auflage, Stuttgart 2011, S. 111–113.

**39f.:** Bauerochse, Lothar: Das kann kein Zufall sein …, in: Publik Forum EXTRA: Wunder … gibt es immer wieder, Ausgabe 1/2008, S. 27.

**40:** Steffensky, Fulbert: Blinde bleiben blind, in: Publik Forum EXTRA: Wunder … gibt es immer wieder, Ausgabe 1/2008, S. 4.

**41:** Halbfas, Hubertus: Die Bibel, erschlossen und kommentiert von Hubertus Halbfas, 6. Auflage, Ostfildern 2010, S. 383–385.

**42f.:** Hofmeister, Klaus: Dein Vertrauen hat dich gerettet, in: Publik Forum EXTRA: Wunder … gibt es immer wieder, Ausgabe 1/2008, S. 12 und 14.

**43:** Kliemann, Peter: Glauben ist menschlich. Argumente für die Torheit vom gekreuzigten Gott, 15. Auflage, Stuttgart 2011, S. 114–116.

**43:** Küng, Hans: Jesus, 2. Auflage, München 2012, S. 125f.

**45f.:** Lohfink, Gerhard: Braucht Gott die Kirche? Zur Theologie des Volkes Gottes, 4. Auflage, Freiburg im Breisgau 1999, S. 237–241.

**46:** Werbick, Jürgen: Vater unser. Theologische Meditationen zur Einführung ins Christsein, Freiburg im Breisgau 2011, S. 146f.

**46f.:** Sölle, Dorothee: Leiden, Stuttgart 1973, S. 92–100 (in Auszügen).

**49:** Küng, Hans: Credo. Das Apostolische Glaubensbekenntnis – Zeitgenossen erklärt, 3. Auflage, München 1993, S. 118 ff.

**50:** Zenetti, Lothar: Die wunderbare Zeitvermehrung, 2. Auflage, München 1983, S. 68.

**52:** Anselm von Canterbury: Cur deus homo, zitiert nach: Rochus Leonhardt, Grundinformation Dogmatik. Ein Lehr- und Arbeitsbuch für das Studium der Theologie, Göttingen 2001, S. 195 f.

**52 f.:** Zahrnt, Heinz: Mutmaßungen über Gott, München 1994, S. 84 f.; 86 f.

**53 ff.:** Müller-Fahrenholz, Geiko: Die Hoffnung hängt am Kreuz, in: Publik Forum, Ausgabe 8/2000, Seite 40 f. (gekürzt).

**58:** Marti, Kurt: Leichenreden, Darmstadt 1989, S. 63.

**59:** Handbuch der Dogmatik (Franz-Josef Nocke zur leibhaftigen Auferstehung), hg. v. Theodor Schneider, erarbeitet von Bernd Jochen Hilberath et al., Band 2, S. 456 f.

**59 f.:** Marlé, René: Artikel „Auferstehung Jesu", in: Handbuch theologischer Grundbegriffe, hg. v. Heinrich Fries, Band 1, München 1962, S. 134–137.

**60 f.:** Küng, Hans: Credo. Das Apostolische Glaubensbekenntnis – Zeitgenossen erklärt, 2. Auflage, München 1992, S. 149–151.

**61 f.:** Marxsen, Willi: Die Auferstehung Jesu als historisches und theologisches Problem, Gütersloh 1964, S. 19–26, 33–35 (in Auszügen).

**62:** Sölle, Dorothee: Es muss doch mehr als alles geben. Nachdenken über Gott, Freiburg im Breisgau 2002, S. 104 f.

**63:** Fries, Heinrich: Fundamentaltheologie, 2. unveränderte Auflage, Graz Wien Köln 1985, S. 295 f.; 407 f. (gekürzt).

**64:** Hierzenberger, Gottfried: Religion – Was gibt mir das? Ein Jugendlexikon, Innsbruck, Wien 1994, S. 100 ff. (in Auszügen).

**64:** Lettmann, Reinhard: Quellen des Lebens. Meditationen, Kevelaer 1991, S. 36 ff. (in Auszügen).

**65:** Katechismus der Katholischen Kirche. Kompendium, Bonn 2005, S. 65.

**65 f.:** Küng, Hans: Credo, 3. Auflage München 1993, S. 136–138 (gekürzt).

**69 f.:** Verlautbarungen des Apostolischen Stuhls Nr. 169: Predigten, Ansprachen und Grußworte im Rahmen der Apostolischen Reise von Papst Benedikt XVI. nach Köln anlässlich des XX. Weltjugendtages; Hrsg.: Sekretariat der Deutschen Bischofskonferenz, Bonn, S. 26, 29, 80–83.

**71:** Weyrich, Marc: „Ich bin Jesus-Fan", in: Publik Forum Ausgabe 10/2006, S. 60.

**71 f.:** Küng, Hans: Jesus, 2. Auflage, München 2012, S. 295–298.

**72:** Lettmann, Reinhard: In die Tiefe bauen. Über die Innerlichkeit des Menschen heute, Kevelaer 1998, S. 94 f. (leicht gekürzt).

**72 f.:** Küng, Hans: Jesus, 2. Auflage, München 2012, S. 298–300.

**73:** Copray, Norbert: Jesus ist nicht mehr „in", in: Publik Forum, Ausgabe 21/2008, S. 35 f. (in Auszügen).

**Die Bibelstellen sind nach der Einheitsübersetzung wiedergegeben.**

**Liedquellenverzeichnis**

**33:** Schunder-Song
Text: Urlaub, Farin
© PMS Musikverlag GmbH, Berlin.

**58:** Manchmal feiern wir mitten am Tag
Text: Albrecht, Alois
© Peter Janssens Musik Verlag, Telgte-Westfalen.

**36:** Krieger des Lichts
Text: Kloss, Stefanie/Nowak, Andreas/Stolle, Johannes/Stolle, Thomas
© EMI Songs Musikverlag GmbH, Hamburg
Silbermond Musikverlag GmbH/Arabella Musikverlag GmbH, Berlin
Valicon Songs ohG.

**38:** Wunder gescheh'n
Text: Nena Kerner
© EMI Songs Musikverlag GmbH, Hamburg.

**69:** Venimus adorare eum
Titel: Warum verliessen Könige ihre Paläste
Text: Linßen, Gregor
© Edition GL, Neuss.

**Bildquellenverzeichnis**

**Cover.oben** Fotolia.com (Andy Dean), New York; **Cover.unten links** Fotolia.com (openlens), New York; **Cover.unten Mitte** Fotolia.com (hansenn), New York; **Cover.unten rechts** Fotolia.com (Sharpshot), New York; **4.1** akg-images, Berlin; **4.2** Schwabenverlag AG, Ostfildern © Sieger Köder, Und das Wort ist Fleisch geworden; **6** Schwabenverlag AG, Ostfildern © Sieger Köder, Stammbaum Jesu; **10.1** akg-images, Berlin; **10.2** akg-images (Cameraphoto), Berlin; **12** BPK, Berlin; **14** Fotolia.com (lassedesignen), New York; **18** BPK, Berlin; **19** akg-images, Berlin; **21** akg-images, Berlin; **22** Fotolia.com (Helmut Niklas), New York; **24** Artothek (Annette Bartusch-Goger), Weilheim; **33** Fotolia.com (Simon Coste), New York; **37** Fotolia.com (Joachim Wendler), New York; **42** Artothek (Blauel/Gnamm), Weilheim; **43** akg-images (Bildarchiv Monheim), Berlin; **44** JupiterImages photos.com, Tucson, AZ; **46** Artothek, Weilheim; **48** Artothek (Alfréd Schiller), Weilheim; **50** Artothek (Städel-Museum, U. Edelmann), Weilheim; **52** Fotolia.com (Bastos), New York; **55** Arnulf Rainer, Weinkruzifix, 1957/72/78 Stoff- und Ölfarben auf Leinen, auf eine aufgezogene Leinwand appliziert, 168 x 103 cm. Tate Gallery London © Arnulf Rainer; **57** Artothek (Annette Bartusch-Goger), Weilheim; **59** Artothek (Gnamm), Weilheim; **61.1** Fotolia.com (SL-66), New York; **61.2** Fotolia.com (percent), New York; **61.3** Fotolia.com (Stanisław Tokarski), New York; **63** Fotolia.com (Mopic), New York; **65** akg-images, Berlin; **66** Fotolia.com (Helmut Niklas), New York; **67** Fotolia.com (Roman Sakhno), New York; **68.1** Fotolia.com (Barmaliejus), New York; **68.2** Fotolia.com (DOC RABE Media), New York; **68.3** Fotolia.com (Alexander Erdbeer), New York